曾仕强/著

北京时代华文书局

图书在版编目（CIP）数据

易经的奥秘.2／曾仕强著.—北京：北京时代华文书局,2017.8

ISBN 978-7-5699-1750-5

Ⅰ.①易… Ⅱ.①曾… Ⅲ.①《周易》—研究 Ⅳ.①B221.5

中国版本图书馆CIP数据核字（2017）第196385号

易经的奥秘 2
YIJING DE AOMI 2

著　　者	曾仕强
出 版 人	王训海
选题策划	周　军
责任编辑	周连杰
责任校对	孙梦莹　李凤菲
装帧设计	杨西福　赵胜军
责任印制	刘　银　訾　敬

出版发行	北京时代华文书局　http://www.bjsdsj.com.cn
	北京市东城区安定门外大街136号皇城国际大厦A座8楼
	邮编：100011　电话：010-64267955　64267677
印　　刷	三河市南阳印刷有限公司
开　　本	710mm×1000mm　1/16　印　张	20　字　数	225千字
版　　次	2018年3月第1版　　印　次	2018年3月第1次印刷
书　　号	ISBN 978-7-5699-1750-5
定　　价	64.00元

读者购书、书店添货或发现印刷装订问题，请与曾仕强教授官网：良心网联系、调换。
电话：010-69292472
盗版举报电话：010-69290834

版权所有，侵权必究

序　言

《易经》与人生

我的名字叫曾仕强，可是我三十九岁的时候，身体非常衰弱，一点儿都不强，总觉得头重脚轻，两脚无力。我很紧张，觉得年纪轻轻就搞到这种地步，以后怎么办？于是，我把我的情形向我爸爸进行了汇报。我爸爸说："早叫你读《易经》，为什么不读呢？"我说："读《易经》跟我生病有什么关系？我所知道的《易经》只是用来算命、看风水的。而我是学科学的，根本不信这一套，所以我就没学。"我爸爸告诉我："那是一般人错误的观念，就是这种观念把《易经》给害惨了。《易经》其实是讲未来变化的道理的。我们中国人受《易经》的影响，讲究无三不成礼。我们把任何东西都分成三块。时间有过去、现在、未来。同一天有上午、中午、下午。人也是一样，连孔子都说有中人以上、中人、中人以下。《易经》告诉我们未来是会变化的，所以要重视自己的未来。但是，未来是不确定的，是会改变的。改变它有一定的道理，这是我们要去掌握的。"我听了以后觉得很好，决定找一本《易经》来读读。

可是我回去，怎么读都读不懂。有关《易经》的书，十本书里面，有七八本都是告诉你怎么去算命、怎么去看风水的，那不是我要的东西。于是我回去问我爸爸："看不懂的书有什么用？"我爸爸说："你应该先读《易传》。你把《易传》读懂了，回头看《易经》，就会觉得很清楚了。"之后，我很认真地去读《易传》，读完以后发现，我真的有很多感悟，而我最大的收获就是：我终于看懂中国人了！

凭良心讲，我那个时候跟现在的年轻人一样，很羡慕外国人。但是自从读了《易经》以后，我的观念改变了。其实，我们真的需要很小心地用现代的观念来看古老的《易经》。很多我们平常看不懂、听不懂的话，都可以慢慢在其中找到根源。

我发现，中国人最厉害的地方就是可以同时讲两句非常矛盾的话。嘴里说"人同此心，心同此理"，心里想"人心不同，各如其面"；嘴里说"礼让为先"，心里想"当仁不让"。那到底要不要让？答案只有一个：你自己看着办！所以，我慢慢就感觉到，凡是外国人很讨厌我们的地方，其实就是我们最擅长的地方。

我觉得，《易经》给我们最宝贵的东西是四个字，这四个字也是中华文化里面最可贵的，叫作"持经达变"。什么叫作"经"？就是不能变的东西。《易经》告诉我们：世界上如果没有不变，就不可能有变；如果没有变，就不可能有不变。它根本就是相对的。可见，《易经》是全世界最高明的辩证法。

我常常跟身边的人讲，是《易经》救了我，要不然我就没命了。怎么会没命呢？气都气死了，还有命吗？只要看不懂中国人，一定活活被中国人气死。当你看懂以后，就会觉得中国人很可爱，也懂得怎么样去跟他呼应。

中华民族是《易经》的民族，我们每一个人其实都懂得《易经》的道理，只是没有去整理、提炼而已。实际上，我们平常的所作所为，从《易经》的角度去看，都是合乎它的道理的！所以，当我后来慢慢将六十四卦整理出来，发现每一卦都是宝贝。其实，《易经》里面没有好卦，也没有坏卦。卦只是告诉你，处在什么位置，看到什么现象，应该注意什么事情，如此而已。

我年纪越大，越感觉到马上反应是很危险的事情。真正学懂《易经》的人，会发现《易经》就是开关而已。阴就是开，阳就是关。大家可以这样想，从现在开始碰到任何刺激，外面有任何东西进来，先把嘴巴闭起来。我们现在的问题就是外界一刺激，嘴巴马上嘚啵嘚啵，得罪一大堆人，然后回去就后悔。养成习惯，听到什么话先把嘴巴闭起来，嘴巴闭起来才会经过脑筋想，想妥当了再讲、想妥当了再做，我保证你没有事情。

所以，为什么连孔子都讲，他读了《易经》就可以没有大过失了。因为《易经》告诉你，你如果这样，将来会那样；你如果那样，将来会这样。至于如何做，你自己去选择。那你经过判断，经过理性的选择，还会犯什么大错呢？因此，年纪轻的，多花点儿时间读《易经》，后面用的日子很长；年纪大的，也花点儿时间看看《易经》，才知道这一辈子到底过得怎么样。

目 录

一　《易经》为什么这么厉害

- 002　《易经》为什么这么厉害
- 005　《易经》揭示人生的终极目标
- 010　学《易经》不只为趋吉避凶
- 013　《易经》不是用脑袋学的
- 019　学好《易经》如有天助

二　《易经》是生生不息的学问

- 024　《易经》是生生不息的学问
- 027　贞下起元才能生生不息
- 032　人生修行在于积极行善
- 035　人再努力也逃不过《易经》的系统

三　画出自己的本命卦

- 046　大事看天小事看人
- 056　尽人事而后听天命
- 061　做人最要紧是定位
- 069　时位数决定你一生

四　人生就是凭实力抓机会占地盘

- 076　位虚爻实占据地盘

079	人生无常卦由己造
084	适才适用适位适人
088	心有阴阳持正在己

五 《易经》的精髓在阴阳之道

094	一切演化不离阴阳
098	阳不离阴阴不离阳
105	凡事皆有正反两面

六 象数理的连锁作用

110	数始于一而终于十
117	象数理的连锁作用
121	《易经》的一二三思维
126	理随时变做好调整

七 中华民族的《易经》思维

132	《易经》只讲思路
142	时位不同随机应变
145	三分法思考二分法决断一分法执行

八 中华民族的《易经》智慧

154	一分为三简单有效
159	差不多是最高智慧
168	持经达变权不离经

九　恢复《易经》的真面目

- 178　卜筮仅为《易经》小用
- 185　《易经》发展有六阶段
- 194　由河图了解《易经》的理气象数
- 200　同为天垂象的洛书为何与河图不同

十　破解《易经》的占卜之谜

- 208　占卜有一定的限制条件
- 215　占卜是数字演变的过程
- 227　现代人应有的占卜态度

附　录

- 234　系辞传（上）
- 254　系辞传（下）
- 274　文言传
- 285　序卦传
- 294　杂卦传
- 297　说卦传

一 《易经》为什么这么厉害

- 《易经》是一切学问的根源。离开了《易经》，我们就无法了解宇宙人生的真相。
- 人怎么可以趋吉避凶呢？应该做的事情，哪怕有再大的困难，哪怕对自己造成再大的伤害，也要去做，这才是人。
- 今天的社会之所以这么乱，就是大家听惯了好话以后，一听到真话就生气，进而乱来。
- 趋吉避凶有一个前提，就是要持正，要向善。
- 太多的错误，如果没有从《易经》里面去反省，根本不知道是错的。

《易经》为什么这么厉害

凡是接触过《易经》，或是多少了解一些《易经》道理的人，都会有一个疑问：《易经》为什么这么厉害？

我们首先要知道，现在的中国人受西方的影响是非常严重的。西方人做学问是一步一步向前去推进的，所以他们每五年、每十年、每二十年就会把以前的学问推翻掉，这叫作创新。但是如果用这种观点来看《易经》的话，那就全错了。当年伏羲是把宇宙人生所有的奥秘全部参透了之后，才开始一画开天。因此，就算以后我们怎么进步，也永远都超不过《易经》。

现代人读《易经》，最大的问题就是用科学来解释《易经》，用宗教来解释《易经》，或者用现在自己所了解的东西来解释《易经》，这是本末倒置。《易经》是一切学问的根源。所以，如果你**不懂得《易经》，就不要讲诸子百家，否则一定讲不通**。离开了《易经》，我们就无法了解宇宙人生的真相。

大家现在想想看：是不是科学越发达，人类越物质？这是科学上讲的，不是我讲的。我们总以为科学越发达，人类的知识就越丰富。事实证明，并非如此。西方的科学家一直到最近两年才有一个觉悟，就是科学永远无法了解真相。用他们的话来讲，科学只是一条"approaching line（接近线）"，越来越接近真相，但是永远无法告诉我们真相。科学毕竟是有限的学问，我们现在太过相信科学，实在是人类的悲哀。

请问大家：宗教是科学吗？艺术是科学吗？文学是科学吗？难道这些都不重要吗？人类是很愚昧的，我们居然会把科学变成宗教，实在非常可笑。

今天我们把《易经》再次推出来，不是凑热闹，而是要救人类的。为什么？因为人类发展科技的方向是错误的。用西方的话来讲，科技像撒旦，给人类一点点甜头，反过来就要人类的命。人类终将死于科技，可是我们又非用科技不可。唯一的生存之道就是用《易经》的道理来导正科学研究的方向，否则我们与科技迟早同归于尽。

人类要把《易经》的道理摸清楚，并用之来导正人类的未来。这一切都要靠我们自己来做，没有人能够帮忙，也没有人能够害我们，一切都是自作自受。

我是讲闽南话的人，闽南话其实应该叫作河洛话。河洛话是黄河洛阳一带早期所讲的话。实际上，在元朝以前中国全部都讲河洛话。元朝建立以后，才禁止大家讲河洛话，开始要讲官话。这样一来，当时的河洛人才会从北方跑到南方来。

河洛话是包含最高智慧的，只不过我们现在几乎都不会讲，就算会讲也不知道其中的深意。人生的规律其实用一句话就讲清楚了，如果你不能把答案讲得很简单，那就是没搞懂。用现在的闽南话来讲，都是你自己造成的，不要牵拖。你的一切一切都是你自己造成的，所以孔子说"不怨天，不尤人"，因为怨天是错误的，尤人也是错误的，但是也不要怪自己。大家慢慢看下去就会知道，如果不了解《易经》，这一辈子是白过了。

《易经》这本书，因为逃过秦朝的那一把火，从此就被界定为是卜卦的学问，实在太可惜了。尤其朱子又讲了一句话，说《易经》本来是卜术的书。这句话更让后人对《易经》是占卜的学问深信不疑。但我认为不一定。大家想想看，七八千年前，伏羲会创造一套东西来让我们卜卦吗？不可能。读书人就是太过一厢情愿了，总认为自己已经找到了答案，实际上还差得很远。《易经》这本书我们永远超不过它，它是中国的无字天书，因为它出现的时候还没有文字。

大家应该了解到，人类自从有了文字以后，几乎是退化的。所以，中国人做学问从秦朝以后越来越退步。有人会说，那我们也不可能回到从前。像这些话，闽南话有一句形容得很合适，叫纠缠不清。本来就是纠缠不清，你才会走出一条路来。

所以，**先懂得《易经》的道理，之后再行卜卦对大家是有好处的**。如果不懂得《易经》的道理，那卜卦对自己绝对是有害的。我很少用"绝对"这个词，因为《易经》是不存在绝对的。这里用"绝对"是表示我的诚恳，希望大家在没有弄清楚道理之前，少去卜卦，否则就太危险了。

《易经》揭示人生的终极目标

请问大家：做人的目的是什么？你去问年轻人，有的会说，做人就是要求快乐。实在幼稚、糟糕得不得了。有的会说，做人努力打拼是为了赚钱。那就变成金钱的奴隶了。大家想想是不是这样，人类每创造一样东西，最后的结果就是变成自己所创造的东西的奴隶。本来我们是没有钱的，创造了货币以后，人就变成了钱的奴隶；本来我们没有手机，有了手机之后，又变成了手机的奴隶。为什么很多人出门一定要拿手机呢？因为不拿手机就不能活，这不就变成手机的奴隶了？

老天开放了一种叫作高尔夫球的东西，那是专门给有钱人好看的。本来有钱人出门很轻松，但是偏偏要背一堆各式各样重得要命的东西。每次看到这个，我都想起一句话，叫作多此一举。可有几个人想通了？我在中国大陆是公开反对打高尔夫球的，因为这些人实在缺少良心。第一，高尔夫球是污染最严重的一种运动。第二，少数人玩那么大一块土地，良心何在？第三点更重要，人生苦短，时间宝贵，去跟那个小白球玩，不是白白浪费宝贵的时间和生命吗？最后一定是自作自受。

人生的真正目的，是求得心安理得，那才是真正的云端。（图1-1）但是如果直接讲心安理得，还是没有人听得懂。中国人用四个字就讲清楚了,叫作求得好死。大家从现在开始,只要碰到问题,能够用一句话讲出来,就表示你是真的找到了答案。

图1-1

人生的目的,在求得好死。我们中国人骂人骂得最难听的就是"这个家伙不得好死"。只要不得好死,不管有什么样的成就都是一笔勾销的。现在的人不得好死的比例越来越大,大家可以好好去了解一下。求得好死不是不生病而死。人吃五谷长百病,那跟生病没有关系。**好死是什么?死得其时,死得其所,死得心安理得**。这是非常不容易的事情。

读《易经》是可能读出很多小人来的。所以,如果你读《易经》读到最后变成了小人,那就完了。有一次过年,我到一位长辈家里去拜年,看到他居然把床铺放在客厅里面。因为中国人睡客厅就代表要走了。我就不好意思地问他的儿子,我说:"你怎么让爸爸住客厅?"他说:"没有办法,我们家每年都会请风水先生来看看,这次风水先生一看爸爸的生肖,讲了一大堆事情,说这一年都要睡客厅。"我说："这怎么可以？"他说："没有办法，我们都不敢讲。"我说："我来讲。"那我是怎么讲的呢？

首先我要跟大家说明一点，有话直说的人是最糟糕的。**我们现在都很相信有话实说、有话直说的人，其实那都是最糟糕的人，完全不懂《易经》**。我就跟我的这位长辈讲："你会选客厅来住一定是有道理的。"跟中国人讲话一定要说他有道理。他说："对呀，当然有道理。"我说："但是，如果明年风水先生一看说你要睡厕所，那你是不是要去睡厕所？"他愣了半天，说："那不要。"我说："为什么厕所不能睡，客厅就能睡呢？"他又愣了半天。然后我告诉他："自古以来我们都是要睡卧房的，你可以在卧房里面调整方位，但不可以睡到客厅来。"我还告诉他："如果非要睡客厅的话，脚一定要朝里面，不可以朝外边。"

现在，很多看风水的人都在乱讲，你听他的，不完蛋了吗？我们今天最大的问题就是道听途说，任凭一知半解的人游走江湖，才把整个《易经》几乎快毁掉了。

人生真正的目的是要使自己死得心安理得。那么，问题就出来了，人都知道自己会死，但是从来不知道自己什么时候会死。当你心安理得的时候，偏不死；当你良心不安的时候，却死了。这才是最有意思的事情。如果能处理好这些事情，那就叫智慧。

讲到这里，我要特别提醒大家，今天的人做学问，高度不够，深度不够，广度不够，所以害死了很多人。

中国人是很有意思的，我们有很多字的发音是相同的。举个例子，比如"shi"。你说人生最要紧的是时间，很多人会说中国人没有时间观念，其实那是根本不懂《易经》，《易经》就是讲时而已。因此，从现在开始，不要跟人家讲"我没有时间"，那就是准备要死了。你要讲"我时间不够用"，老天就多给你几年。你说"我没有时间"，老天就让你心想事成。时间是拿来办事的，把事情办下来，做一个记录就叫历史。历史里面有很美好的东西，叫作诗歌。而所有事情开端的那个始最重要，可是不管怎么样，最后都是死路一条，所以都叫死。如果你有时间把同音的字找出来联系一下，会得到很多启示。

老师的"师"，跟尸体的"尸"是同音的，就是老师会害死一大片人，死尸遍野。这样的老师死了以后不下地狱才怪。当官的"官"，跟"关"同音。一个人官当得好，把别人关起来；官当得不好，被别人关进去。商人的"商"，跟"伤"同音。一个人只要经营企业，不管从事什么行业，多多少少有一点儿伤天害理。所以很多人跟我讲自己赚的是正当的利润，我都笑他，充其量是赚合法的利润，却不一定正当。很多人认为合法就行，可合法有什么用呢？虽然合法了，但是良心不安。现在的人生活在一个标准错乱的时代，都找借口使自己合理化，不过是在害自己罢了。

我们看下面的图（图1-2），用现在的观念来讲，就叫作品质管控。在这个圈圈里面的都是吉，其他的都是凶。这样大家才知道，人生不如意事十之八九，好人未必有好报。很多人都说好人一定有好报，那你就做好人好了，干吗还那么伤脑筋呢？好人不一定有好报才是事实，因为经常你认为是好的，结果却是坏的。其实，大部分人都在好心做坏事。心是好的，做出来的事情是坏的，那能怪谁呢？这里面牵扯到太多的东西。

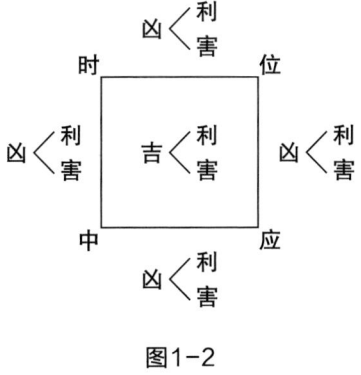

图1-2

时不一样,就要有不同的选择。当这个时代是很正常的,你要出来发挥;当这个时代是不正常的,你要退避起来。在时代不好的时候,赚大钱的一定是奸商。有些人就是一有战争,他就发财了;一有灾难,他就发财了。那这种人最后结果怎么样?不过还是我们讲的那四个字,叫作自作自受。

学《易经》不只为趋吉避凶

我们首先要讲的就是，学《易经》不只是为了趋吉避凶。太多人一听到《易经》，就觉得是用来趋吉避凶的。如果这样认为，那么趋吉避凶就是投机取巧。闽南话讲得最好：有好看的，快过去。一个人如果听说有好看的，半夜三更都要去，那他的价值在哪里？

趋吉避凶，用英语讲叫作"low end"，翻译为低端，闽南话叫低路，其实完全是一样的道理。可见，趋吉避凶的层次是非常之低的。（图1-1）人怎么可以趋吉避凶呢？**应该做的事情，哪怕有再大的困难，哪怕对自己造成再大的伤害，也要去做，这才是人。**

我们今天讲的高端，其实是不够高的，这是我很诚恳地提醒大家的地方。今天很多人都说自己是"high end（高端）"，其实不见得。现在的人受了一种叫作激励学派的影响。西方人告诉我们要讲好话，这是不对的。**今天的社会之所以这么乱，就是大家听惯了好话以后，一听到真话就生气，进而乱来。**

读了《易经》你就会慢慢发现，现在太多我们认为对的话其实都是不对的。人怎么可以说好话？比如，当我们看到女的都叫美女的时候，世界上就没有美女了。你怎么可以随便叫她美女呢？太多的错误，如果没有从《易经》里面去反省，根本不知道是错的。你认为是对的，是赶时髦的，甚至是当代普世价值的那些话，其实都是莫大的笑话。

一个人要持正向善，而不是老在那里趋吉避凶。现在整个社会都在投机，就是因为我们太鼓励大家趋吉避凶。**趋吉避凶有一个前提，就是要持正，要向善。**

现在很多人经常讲一句非常错误的话，叫"大自然向人类反扑"，其实根本没有这回事。大自然为什么要反扑？如果读了《易经》我们就会知道，大自然的一切都是善的，没有恶。只有人才会有善恶，自然哪里有善恶？一只狼，叼走了一只羊，是恶吗？大鱼吃小鱼，有什么恶？那都是自然现象。

大家要知道，现在气候异常，很多事情出乎我们的意料之外，那是地球努力地在挣扎。它为什么要这么辛苦？因为人类乱来。地球有自我修复的能力，人类本来也是有的。那么，人类自我修复的能力为什么没有了？因为乱吃药。你有什么问题，身体自然会做出某些调整，可是一旦吃了药，身体自然的调整能力就没有了，那就要吃一辈子了。

慢慢读完《易经》大家就会知道，真是天下本无事，庸人自扰之。我们现在拼命读书，拼命做研究，其实都是在害人。

"善"跟上下的"上"是一样的。善就是不断地往上。为什么要往上？因为只要地气不往上走，人类就毁灭了。天地之间就是地气往上走，然后变成雨下下来，形成循环往复，万物才可以成活。道理就是这么简单。**所以为什么叫《易经》，就是因为它简易无比。**大家千万不要把《易经》复杂化。现在做学问的人就是一直想把它复杂化，搞得头昏脑胀，最后还是谁都不懂。

趋吉避凶是手段，不是目的。一个人如果把趋吉避凶当作目的，那他的价值就全没有了。实际上，吉不一定好，它可能有利，也可能有害。比如，对你好的人可能就是害你的人，而对你不好的人却经常是你的救命恩人。为什么？因为透过表象，你根本看不清楚。

《易经》不是用脑袋学的

现在我们都在说四个字，叫作知识经济。什么叫作知识经济？不客气地讲，用一知半解的知识来骗人，就叫知识经济。比如，写出来的产品说明书都是没有人看得懂的。如果你问，就不能写得让人家看得懂吗？他会告诉你，看得懂大家就不买了。实在非常糟糕。

"中"，就是命中不命中，合理不合理。要念zhòng，不要念zhōng。记住，合理是变动的，不是固定的。还有一个，要看反应怎么样，效应如何。这里是效应，不是效益。今天动不动就讲效益，你怎么知道它是益呢？这里面牵涉的范围太广。读完《易经》以后，我们就应该了解，不管是品质管控，还是做其他事情，都应该遵循下面这两点。

第一，顺自然。因为人是自然的一部分，不可能违反自然定律而生存发展。现在我们所能够发现的那些不好的事物，几乎都是违反自然定律的。比如，山有一条脉，人在当中开一条路，就等于把山的脉切断了，这样泥石流就下来了，不是自作自受吗？比如建水坝，把水囤积起来，总有一天会被冲垮而导致洪灾。这些基本上都是违反自然的，但是很多人却认为是在做好事，很了不起。事实上并非如此。

近四百年来，中国从不发展科学。现代科学是从西方发展起来的。在这里我要提醒大家，中华民族曾经是人类科学最发达的民族，但是在我们的历史上从来没有出现"科学"这两个字。大家不妨去想一想，这是为什么。

第二，重人伦。对此，有很多人表示十分怀疑。**《易经》就是在讲仁义道德**。如果你读《易经》读到最后，没有发现《易经》在讲仁义道德，那就是根本没有读懂。

想必每个人都不会否认，人是宇宙的一部分。缩小一点儿讲，人是自然的一部分；再缩小一点儿讲，人是动物的一种。但是，在所有动物里面，只有人有创造力，只有人有自主性。只有人类的头可以仰观天象，动物是不会的。

我们常说狗眼看人低，就是因为它看不高。可是现在，人类的眼光也慢慢看不高了。本来老天让我们能够仰观天象，而现在我们只高到仰观长官的脸色。当然，你看长官的脸色我也不反对，可是你要把长官的脸色跟天象去对照。如果长官的脸色是符合天象的，你就照他说的去做；如果长官的脸色跟天象根本就是违背的，那你应该怎么办？第一，不能去做；第二，不能说出来，否则就是死路一条。换句话说，你嘴巴上要讲好好好，然后不理他。有阴有阳，阴阳就出来了。现在很多人说这样做是圆滑，那是他们自己根本不懂。事实历来如此，看不懂的人通常话最多，而且声音最大。

老实讲，中国的学问，我比较推崇先秦的，先秦以后基本上怎么看怎么不对。特别是把道变成理以后，就更加糟糕了。中国人是讲道的，现在变成了讲理。理是永远说不清楚的，因为它随时在变，并不固定。凡是定理都是针对自然而言的，不是讲人生的。人生只有公理，没有定理。

关于人，周武王讲了一句话：人为万物之灵。他把这个灵说了出来，大家要仔细去思量。动物只有能，没有灵。人如果只有能的话，那就跟动物一样了。人类之所以跟动物不一样，就是能够把能提升到灵的境界。讲到这里，我要特别提醒大家，要听《易经》，不要用心听，否则就完了。现代人就是太用心了，才搞得一塌糊涂。而且用心不够，还要用脑，实在非常糟糕。我们常说一句话，脑筋越用越灵光，不用就不行。闽南话中有一句话说得很好，叫作不要烦恼。不要烦恼就是不要烦这个脑，你干吗烦这个脑呢？烦这个脑有用吗？脑只有知识，毫无智慧。

这样又回到我们最早讲的话，西方人是用脑，然后用心，所以永远不知道什么叫作灵。伏羲一开始就用灵，因为用灵才能天人合一。**天没有心，也没有脑，人只有用灵才能去跟天互动，所以叫灵光，叫灵活，叫灵通。**现在完全不是，年轻人越来越不灵光，不管你怎么讲，他都听不懂。那你要怎么办？闽南话有一句就来了：你要死赖他。有人说中国人就是爱生气，气死活该。生气有什么用呢？你跟那些人根本就讲不通，生气也没用。那怎么办？没有关系，只要时一到，他们很快就改变了。有很多人曾问过我，年纪这么大了，还到处去讲，是不是希望中华文化复兴呢？我说没有这回事，我从来没有那个心思。

达摩到中国来，见到梁武帝，梁武帝说自己盖了多少庙，怎么怎么样，讲了一大堆。达摩只讲了一句话：毫无功德。梁武帝很生气，做了那么多事怎么没有功德，那拜佛干什么？达摩就讲了，心里头不会常常想到自己要成佛的人，才是真正懂得佛法的人。梁武帝把袖子一拂，走了。梁武帝就是一天到晚想成佛，认为自己这样做那样做可以成佛，实际上不可能。这点大家慢慢从《易经》里面去体会，当你可以把那个灵说出来以后，就会知道什么时候可以心想事成，什么时候是不行的。中国人总是同时讲两句话，一句话叫作心想事成，一句话叫作事与愿违。像这些，大家慢慢去领悟。

人有创造力，有自主性，可是当西方人发展创造力和自主性的时候，不讲伦理道德。他们认为有利可图就去做，认为发展科学有好处就去发展，最后才把世界搞成现在这个样子。

我先说一点，英国人发展了一百年，叫作工业化，到现在还祸患无穷。人类需要工业，但是绝对不可以工业化。美国人发展了一百年，叫作商业化。人类需要商业，但是绝对不可以商业化。商业化很快会吃掉所有的文化。比如踢足球，我们看得很认真、很起劲儿，最后发现他们是在踢假球，你会不会气死？商业化以后，什么是真，什么是假，我们完全不知道。但是那种破坏力是很大的，金融风暴就是商业化所造成的。

《易经》告诉我们，一切一切只能够用"文"来化，叫作文化。 农业化不对，商业化不对，工业化也不对，只有文化是对的。**文化是什么？就是人伦道德。** 在这里，我也要慎重地提醒大家，中国人没有人际关系。很多人在外面一直讲人际关系，我觉得非常可笑。人跟人处于平等的地位，才有人际关系。中国人，谁跟你平等呢？西方人说，人是生而平等的。中国人说，人一出生就不平等。哪个对，我们自己要去想清楚。西方人相信人生而平等，所以西方人看到小孩子会很天真地去问他叫什么名字。每次我看到外国人问小孩子叫什么名字，我就觉得很可笑，觉得这个人没有什么智慧。中国人一看到小孩子，二话不说，先问他的爸爸是谁。这才是智慧。跟孩子相比，爸爸比较重要，因为只要爸爸不同，这辈子的命运就完全不同。

国父的孙女，曾经发生车祸，当然是很不幸的。所有人都不知道原因在哪里。其实就是因为她讲了一句话：我不能活在国父的光环底下。所以那一天出现国父的光环，她就出车祸了。读了《易经》你会很清楚，没有人可以讲自己父母的坏处。老实讲，没有国父，我们今天能过这样的生活吗？可以说，我们所有人都活在国父的光环底下。她讲的这句话，就是在冒犯自己的祖先，他不修理你才怪。

这样说是不是迷信？看得懂的人知道这不是迷信，而是因果。因果不是迷信，它是物理现象，跟迷信一点儿关系都没有。当然，看不懂的人就会说它是迷信，这完全是人的问题，而不是它的问题。

我花了四十年的时间，发现《易经》所讲的道理都是对的，只是我们自己做错了，理解错了，实践错了。我们自己没有搞懂，能怪谁呢？只能怪我们自己。所以，大家从现在开始一定要记住四个字，叫作自作自受，这样你的人生可能就不一样了。人的责任是要赞天地之化育，帮助自然，让它越来越好。我们搞得地球越来越辛苦，越来越挣扎，这是我们要检讨的地方。

现在，我们应该知道什么叫作吉，什么叫作凶了。**按照天理，凭良心去做，而有所得就叫吉。不按照天理，不凭良心，就算有所得也是凶**。举个例子大家就很清楚了，当有一个人把你从很低的职位上一下子三级跳提拔上来，是吉还是凶？大凶，那就是准备要把你抓去关起来了，你还在高兴什么呢？当你突然间得到一笔很大的财富，是吉还是凶？大凶，怎么可能吉呢？现代人把吉凶看成利害，是完全错误的。金融风暴的时候，生意做得越大的人，亏损得越多。幸亏那一次做生意没有赚钱，所以金融风暴才亏得少一点儿。这种话外行人是听不懂的。你没干什么，自然就没什么事。一切都是变动的，不然怎么叫《易经》呢？

凡是有求必应、铁口直断，全都是骗人的。《易经》告诉我们，**所有事情都是有条件的，有配套的**。不讲配套，不讲条件，处处都是害人的。我们现在要记住，时时刻刻问问自己有没有顺天理，有没有凭良心，再加上一句，有没有立公心。因为现在很多人私心太重了，公心完全不见了。我们要替大家想一想，不要老想自己。

学好《易经》如有天助

人生是为了求得好死。大家看下面的图（图1-3）就清楚了。其实，我们每个人都缺一角，西方人管这个叫作个别差异。每个人都有缺角，没有缺角就是完人，表示人做完了要回去了，所以那么急干什么呢？做人正是因为有缺角，这辈子才有修治的对象。缺哪里，就要修哪里。如果你缺这个角，结果却在修那个角，本来圆的又修成了缺的，缺得越多，回去就越惨。

图1-3

像这种话，我一讲你就完全通了。为什么？因为我是在讲你心里头的话，不是看了书来告诉你什么。而且我也慢慢发现，这些东西都在我们心里头，叫作心中有一把尺。中国人最了不起的就是心中有一把尺，我就在讲你心中的这一把尺。

修的目的是要安，不是造成不安。现在我们天天在造成不安，那还修什么呢？有一次，我到一个修道人的地方，他那里地板擦得非常干净，我直接穿着鞋子就进去了。他老远看见我就说："请脱鞋。"我说："那你修什么呢？你应该感谢我，把它踩得不干净了,你才有得拖。大家都不来,你还有修的机会吗?"他一句话都不敢讲了。

社会上没有坏人,怎么知道你是好人呢?没有人偷你的钱,你怎么知道自己的钱会被偷呢?可见,我们都在制造不安。知识经济就是让你不安。比如,你去买药品,买回来看说明书,第一句话,要在医生的指导下服用。那糟糕了,已经买来了,你要不要吃?第二句话,吃了之后可能会有什么反应,会这里疼、那里疼,甚至于死亡。那你还敢吃吗?为什么会这样?就是在推卸责任。现在所有的事情都是为了推卸责任,最后一句话就是我又不是神。既然你早知道自己不是神,那就不要这么神就好了。这就是我们现在的问题。一般人谈现代社会,都在谈那种永远没有办法解决的问题。为什么?因为没有抓到根本。

慎始已经很难了,善终更难。慎始不一定保证会善终,因为变数太多。所以我们要不断地反省,因为反省一次根本不够。不同的变数来了以后,我们要去因应它。这个因应完了,另一个又进来了,可见**不断反省的同时,还要不断地提升**。(图1-4)提升什么?提升自己的应变能力。现在的人就是经验不足,固守老一套,因为他一共就有这几套,你叫他怎么办?

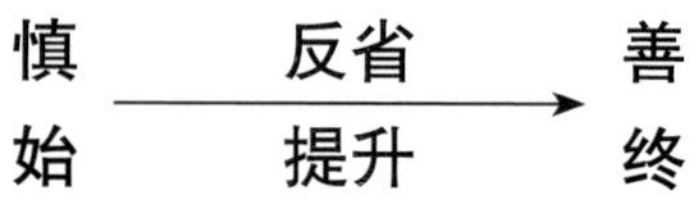

慎始 →(反省 提升)→ 善终

图1-4

现在很多人喜欢批流年,好不好?一句话就讲清楚了:批流年就是数馒头,告诉你还有3756个馒头,你就开始慢慢数。我有一个朋友，今年七十几岁了，前几天碰到我说："哎呀，想到就睡不着。"我问："怎么了？"他说："我小时候批流年，说我有76岁的高寿，当时高兴得不得了。现在一看，还剩一年了。"大家看，这不是自寻烦恼吗？人迟早会死，年岁再高也终有那一天来临，这是事实。人生的乐趣就在于，永远不知道自己什么时候会死。一个人如果知道自己什么时候会死，甚至怎么死，那活着还有什么意思呢？我是当过兵的，我们当兵是有期限的，那时候就开始画馒头了。一个馒头，又一个馒头，算算还有72个馒头，吃完就结束了。这样的人生有多少乐趣呢？

生命是有弹性的。比如某人的病突然间好起来了，连医生都觉得不可思议，这样的情况当然有，而且不是不常见。我先说一句话：**人要做事，千辛万苦；老天要做事，轻松愉快**。你要变成这个行业的top（顶尖），拼得要死，还不一定成功。而老天就很容易，老天想让你成为第一，把那几个比你好的都收回去，你就是No.1（第一名）了。所以你要知道，你变成No.1（第一名）的时候是老天在帮忙。这样大家就清楚了，为什么中国人一开口就是谢天谢地，因为老天不帮忙那就糟糕了。

再比如，诸葛亮一下山，老天先把周瑜收回去，再把郭嘉收回去，他才能发挥才能。否则郭嘉不死，周瑜不死，诸葛亮天天在那里拍桌子骂人，一筹莫展，能有什么办法呢？没有老天帮忙，是成不了事情的。但是老天不是人的主宰。我们能认识到这点，最应该感谢伏羲。

西方人是神本位，因为他们没有伏羲；中国人是人本位，因为我们有伏羲。中国是没有宗教的，凡是说中国有宗教的其实都是外行，都是在用西方的观点来看中国。伏羲告诉我们，一切都是天在做主，天就是自然。老子说"道法自然"，很多人解释说，道学习、仿效自然，其实不是。如果道还要去仿效自然的话，就表示道跟自然是分离的。"道法自然"真正的意思是说，道就是自然。自然是什么？就是道。道是什么？就是神。这些在《易经》里面，是讲得非常清楚的。

现代人都在讲管理，那么请问：什么叫管理？**所谓管理，其实就是配合**。"拜托，稍微配合一下"，这才是中国话。"谢谢你的合作"，越听越气，我干吗跟你合作？那都是在讲外国话。这样去分析我们就知道，**在中国社会会讲中国话的，就会大吉大利；专门讲外国话的，只会越来越倒霉**。可惜现在的年轻人都不会讲中国话，比如你叫他去做一件事情，他会回答你"请稍候"。中国人一听到"请稍候"就气得要死：候，候到什么时候？尤其是闽南人，有一句话说得非常生动：等久就会死，你知道吗？哪能等？等久了就死了，要等到何时？所以，我们每次听到"Wait a moment（请稍候）""Just a minute（请稍候）"，其实都是一肚子的火。会讲中国话的人怎么说呢？他们会说"马上来"。马上来了，你还气什么呢？有人也许会说，马上来怎么还让我等了那么久？因为这匹"马"比较老，跑得慢嘛！那你还有什么话说呢？大家慢慢去体会其中的不同之处。

二　《易经》是生生不息的学问

· 做人要看开，但是绝对不能看透。

· 什么叫好死？一句话就讲清楚了：我们是哭着来的，一定要笑着回去。

· 只要你有权利、义务，就永远不快乐。

· 《易经》不反对任何东西，也不赞成任何东西，因为凡事都是有条件的。

· 天底下没有公平这回事，我们所追求的是合理的不公平，公正就是合理的不公平。

· 所有事情都是一而二，二而一。

· 错，绝对不可以；对，真的没有用。

《易经》是生生不息的学问

西方人做学问做到最后做出一个"分",什么都分,分到最后支离破碎。现代人最惨的就是不管怎么样,都整合不起来。比如,你生病去挂号,然后等了好久,进去之后医生说,挂错了,你应该挂另外一科。你去了另一科,医生还是说挂错了,不是这科,要挂那科。等到最后终于挂上那一科了,医生说,你来得太晚了,来不及了。

老实讲,一个人生病,如果知道自己要挂什么科,那才奇怪。以前我们是没有这些问题的,你去看中医,医生给你扎一针,说火气大,就完事了。那么,看中医跟看西医到底有什么不同?一句话就讲清楚了:你去看西医,最后是清清楚楚地死掉,因为西医给你开的死亡证明上,你死于什么写得非常清楚。你去看中医,最后是糊里糊涂地活着。你问中医为什么,他会说不知道,你活着就好了,干吗还要知道为什么呢?事情本来就是千变万化的,没有两个人是完全一样的。所以为什么西医开药只给两天的量,就是吃吃看,会不会死,不会死我们再来琢磨。

其实,大家慢慢会发现,全世界都在回归《易经》。比如现在在西方,孩子发烧不是直接去看专科医生,而是自己先量量温度,看有多高。如果不高，就自行处理，或是听从家庭医生的建议，而不是直接接触专科医生，否则万一找错了怎么办。经过家庭医生，他可以处理就处理，不能处理才给家长推荐专科医生。这是一个很大的进步。

讲起来很遗憾，全世界最反对中医的就是中国人。这非常有意思。为什么？就是因为近百年来，读书人不懂《易经》，而且还理直气壮地说别人不懂。实在是莫大的笑话。

中国人读《易经》，读出来的学问，用一个字来说，叫作"生"，"生生不息"的"生"。中国人说太极生两仪，两仪生四象，它不是分的。西方人会说太极分阴阳两仪，两仪分四象，他们一定要分。区别在哪里呢？分，到最后父母亲都没有了，生，到最后父母亲升级当祖父母了，这是完全不一样的境界。

生生不息才是我们所要求的，也才能永续经营。如果我们不能做到生生不息，就变成了西方的学问，叫作discontinuity（不连续），不连续的时代。我每次看到西方的discontinuity（不连续），都觉得很奇怪，为什么会discontinuity（不连续）？几千年来，中国人都活着，怎么会中断？西方人是中断的，因为他们每隔几年就推翻掉以前的学问。

现在发展到了电子时代，我请问大家：什么叫作电？没有人说得清楚。电是物质吗？好像是，又好像不是。电有速度吗？好像有，又好像没有。因为你这里一开，他那里就到了，就像你这边电话一拨完，他那边就响了，这不是神吗？不知道。不知道就是不知道。老天该让你知道的，会让你知道；不该让你知道的，你怎么研究都研究不出来。实际上，人类是没有创造发明的，只是老天应该开放给人类的时候，人类就知道了。那个叫灵感，就是你的灵去感应到它。如果没有灵感，你怎么想也没有用。

贞下起元才能生生不息

生生不息,用《易经》里面的四个字来说,叫作元亨利贞(图2-1)。元就是开始,任何事情都有一个开始。那么,开始为什么会亨通?中国人都知道要慎始,所以在开始之前都做好充足长久的准备,非常谨慎。正因为原始做得很好,基础打得很扎实,所以一开始就很亨通。亨通的结果一定会得到利益。问题就出现在这里。

生生不息

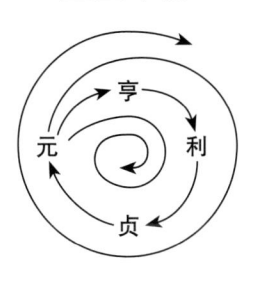

图2-1

大家有没有发现,我们中国人合伙做生意,没有赚钱以前都是蜜月时期,一旦赚钱了,就开始闹意见,就开始要分家了,因为利不和。利经常不和,那什么叫作和呢?就是贞。

贞在以前叫贞操,现在没有人敢讲贞操,好像讲贞操就是农业社会,就是过时的,我觉得很奇怪。其实,只要男女双方各守贞操，这个贞操就没有什么不好的。贞操是正当的操守，不管做人做事都应该有正当的操守。如果一个人获得的利是正当的，又是大家可以共享的，那么他的圆就会越来越大，否则自然越来越小。所以有的人，他的路越走越宽广；有的人，他的路越走越窄小。

我想奉劝现在的年轻人，如果年纪轻轻弄到自己找不到老板，那这一辈子只好自己出来当小老板了，没有别的办法。很多人就是这样，找不到老板，只好自己出来，那是很辛苦的。

很多人说，中国人喜欢当老板，不见得。我问过很多老板，是不是自己喜欢当老板。他们的回答是一致的：如果能够找到一个好老板，大树底下好遮荫，在里面混一混就好了，干吗自己出来冒险呢？就是没有碰到好老板，不得不这样辛苦。可见，很多人说中国人喜欢当头儿，不喜欢配合人家，其实完全没有这种事情。

能否生生不息，要看你是逆的，还是顺的。摆在我们面前的永远有两条路，一条是让我们的路越走越宽，一条是让我们的路越走越窄。这是每个人自己要去选择的。**最要紧的是四个字，叫作贞下起元**。一个人如果能够做到贞下还有个元开始，那就不得了。就好比春夏秋冬，每年轮回一次，循环往复。它有一个开始，叫作一元复始，万象更新。

照理说，过年不是现在的春节，现在的春节跟时令是不配合的。以前中国人过年是在冬至，冬至就是一阳来复。大家有没有发现，中国所有的节日跟西历、阳历，都是不配合的，只有冬至是一致的。每一年的十二月二十二日为冬至，没有一年改变过，很奇怪吧？

大家真的要花一些时间去了解中国的事情，比如什么叫作过节。其实"节",就等于"劫"。过节,过得去叫节庆,过不去叫劫难。这样我们才真正明白,过节为什么要庆祝,就是在恭喜你又过了一个劫难。所以说恭喜,就是你还没死的意思。

那么,为什么要过中秋?这跟月亮有关系。大家都知道,月亮对水有影响,它的圆缺会引动潮汐的涨落。人体内70%是水,月亮出来的时候,同样会引起人情绪的不安。所以每逢月圆的时候,动物都不太平静,人也喜欢做坏事。古人非常有智慧,就设计在一年当中月亮最圆、引力最大的时候,告诉我们要吃月饼,要全家团聚,大家高高兴兴的,意思是少去做坏事。老实讲,在这种节日里,夫妻也是不能行房的,太危险了,因为那一天情绪不稳定。很可惜,我们没有把这些东西传承下来,以致现在搞得乱七八糟。

以前,中国人过节很简单,一月一日、三月三日、五月五日、七月七日、九月九日,老百姓永远记住,怎么都不会忘记。现在不是,一会儿这样,一会儿那样,搞得乌烟瘴气。有人会问:为什么都是单数?因为单数属阳。如果改成二月、四月,那就完全属阴了。一月一日春节,三月三日清明,五月五日端午,七月七日七巧,九月九日老人节。有人可能会问,为什么十一月十一日没有呢?因为那时候就快过年了,要好好准备,而且天气那么冷,出来干什么呢?这是非常清楚的道理。

人的死亡是什么?就是灵魂最后一次离开肉体。这里我为什么用最后一次?因为人的灵魂经常会出去,叫作出神。比如旁边有一个人坐在那里发呆,你在他面前晃来晃去他都不知道,这就叫出神。所以,千万不要说你一直在认真注意听讲,那是笑话。一个人大概每十五分钟他的神就会跑出去一次,有时候回家看看,有时候跑到美国去，只要能够跑回来就行了。但是有一次是跑不回来的，就是当你的灵魂要永远离开你的时候，同时也表明你这一辈子已经结束了。

当然，很多人都在追问，人到底有没有灵魂。我就碰到过这样的人，理直气壮地跟我讲："我不相信有灵魂。"我说："可以，我接受你的意见，但是希望你把这句话照我说的说一遍，我就佩服你。"他说："说什么？"我说："你就说我是一个没有灵魂的人。"结果他不说了。可见，人一定是有灵魂的，怎么可能没有灵魂呢？

人千万不要跟灵魂太陌生，现代人就是跟灵魂太陌生，只会用心用脑，不会用灵。脑是身体的代表，心是你意志的摇摆不定，所有的问题都是从这里出来的。我很有心，就完了；我很用脑，也完了，因为一点儿不灵光。

做人要看开，但是绝对不能看透。有时候关键点就在于一个字，却往往失之毫厘，差之千里。看透还有什么意思呢？人都有一死，不管你有多了不起的成就，有多少财富。那干脆什么也不要做了。看开就不同，人终究一死，所以不必过份计较利害得失，愉快地完成自己应该做的事，至于结果如何，不要太在意。

我可以说，我们大家没有一个是天才，为什么呢？因为天才只能活三十九岁。什么叫天才？就是找不到老师，也不用老师，才叫天才。大家还要老师，算什么天才呢？天才是一切都准备好了，他来了就开始发挥，发挥了几年，差不多都发挥完了，就回去了。比如历史上研究《易经》最有成就的王弼，早早就回去了；孔子最好的学生颜回，同样早早就回去了。我们超过三十九岁，说明我们是靠自己的努力，而不是天才。现在很多人都喜欢说自己的孩子是天才儿童，那这样的父母是怎么想的？难道是希望自己的小孩儿只活三十九岁？这种话少说比较好。

什么叫好死？一句话就讲清楚了：我们是哭着来的，一定要笑着回去。如果哭着来又哭着回去，那就麻烦了，表示一辈子空过了，白吃了很多年粮食。高高兴兴地回去，没有挂碍，才有意思。

人生修行在于积极行善

人活着是为了什么？这又是个很关键的问题。《易经》从来没有讲过权利、义务。我们现在满脑子的权利、义务，都是受西方思想所害。**《易经》告诉我们，只有责任，没有权利、义务。只要你有权利、义务，就永远不快乐**。孔子说君君臣臣，绝不是说君要怎么样，臣要怎么样，而是说君要有君的责任，臣要尽臣的责任。父父子子，也是说爸爸要尽自己作为爸爸的责任，儿子要尽作为儿子的责任。人活着，就是要修己，来尽到自己该尽的责任。

那么，人为什么要修？就是为了最后离开的时候，能够无忧无惧。

在世为人，我们要珍惜机会好好修行，因为只有人才有创造力，才有自主性。我们现在一天到晚讲尊严，请问大家：什么叫尊严？你可以自己做决定，才叫尊严，否则算什么尊严呢？有钱就有尊严吗？不一定。做官就有尊严吗？不一定。**能够替自己做选择，能够掌握自己的未来，心甘情愿，才叫有尊严**。闽南话叫作欢喜甘愿。这样的话，还有什么愧疚和不愉快呢？中国人只要自己欢喜甘愿，不管你叫他做什么，他都会一点儿不计较。但是，一讲到权利、义务，两个人就吵起来了，这不是自己找麻烦吗？

既然要好好修行，应该怎么样做呢？答案就是积极行善。但是这里我特别加一句话：光知道不行。这些道理，很多人都懂，甚至可以讲给别人听，但是从来不做。道理谁都知道，但是谁都做不到。现在整个社会都是这样。那些讲得头头是道的，一点儿也做不出来。古人为什么说听其言，还要观其行，就是这个道理。**讲半天没有用，能不能做到才比较重要**。但是，就算有的人可以做到，却经常是做错的。

我们到庙里头去拜拜就有效吗？不见得。《圣经》告诉我们，有钱的人要上天堂，好比骆驼要穿过针孔那样困难。《易经》告诉我们，有钱人去拜经常是没有效的。怎么会没有效呢？很简单。没有钱的人去拜，都很虔诚，也不敢说自己带了什么东西来，就是拜拜拜，反而能得到神明的照顾。你敢说吗？如果你说我一大早去买了香蕉，特地来敬奉你。神明一看，总共才三根香蕉，还拜托一大堆事情，他根本不会理你。你不讲香蕉，他也不会在意你带了什么东西。有钱人就不一样了，有钱人一进去，就说："神明，你看到没有，全猪全羊敬奉你，别人会这样吗？你一定要特别照顾我。"那就全完了，因为神佛都被你气得跑掉了。像这些，我们都搞清楚了，就会知道怎么做才是真正的大吉大利。

行善有很多条件，第一个就是当年达摩跟梁武帝讲的，心里头不要求任何东西。《易经》下经第一卦咸卦（图2-2），是讲感情的，却用"咸"，而不是"感"，意思是说一定要把心去掉，无心之感才最有效，否则有心是感不了任何人的。所以，老板绝对不可以跟员工讲，我对你这样好，你竟然那样。你对他好是你的事，他对你怎么样是他的事。这两个不能连在一起来讲，否则就表示你有心。我为什么对你好？就是希望你对我好。这样的好就是假的，不真诚。我对你好，至于你要怎么样，那是你的事情，跟我没有关系，这样对方才会觉得你是真的对他好。

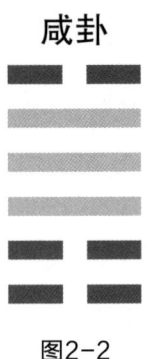

咸卦

图2-2

前面我们也已经讲了，现代人很多错误的观念，比如做好事一定有好报，不见得；做坏事一定有坏报，也不见得。很多人说这个人这么坏，还活得逍遥自在，老天也不收拾他。为什么？其实很简单，老天是很公正的，而公正就是不公平。

大家一定要搞清楚，公正跟公平是两码事。公正是什么意思？他坏是坏，但还没有到恶贯满盈的地步，老天继续让他坏，再坏，然后收回去。所以，我们看到的事实是，很多贪官污吏，居然还能升官。当然要让他升官，否则就抓不了他。升一级不够，还要再升，再升，升到一定级别，一下子就抓了。这样才叫公正。稍微做错就抓，那算什么公正呢？

好人为什么没有好报？就是自己做得还不够好。坏人为什么不被抓去？就是还不够坏。这样的话，我们就想通了，就心平气和了。老天一定是公正的，天底下没有公平这回事，我们所追求的是合理的不公平，公正就是合理的不公平。

人再努力也逃不过《易经》的系统

整个《易经》就是这么一个系统，简单但却无所不包。人类再怎么努力，都逃不过《易经》的系统，我把它看作一棵树（图2-3）。

很多书上把太极摆在上面，然后一路下来，那是不对的，地气是由下而升，这样才会向上，才会成长，才会开花结果。

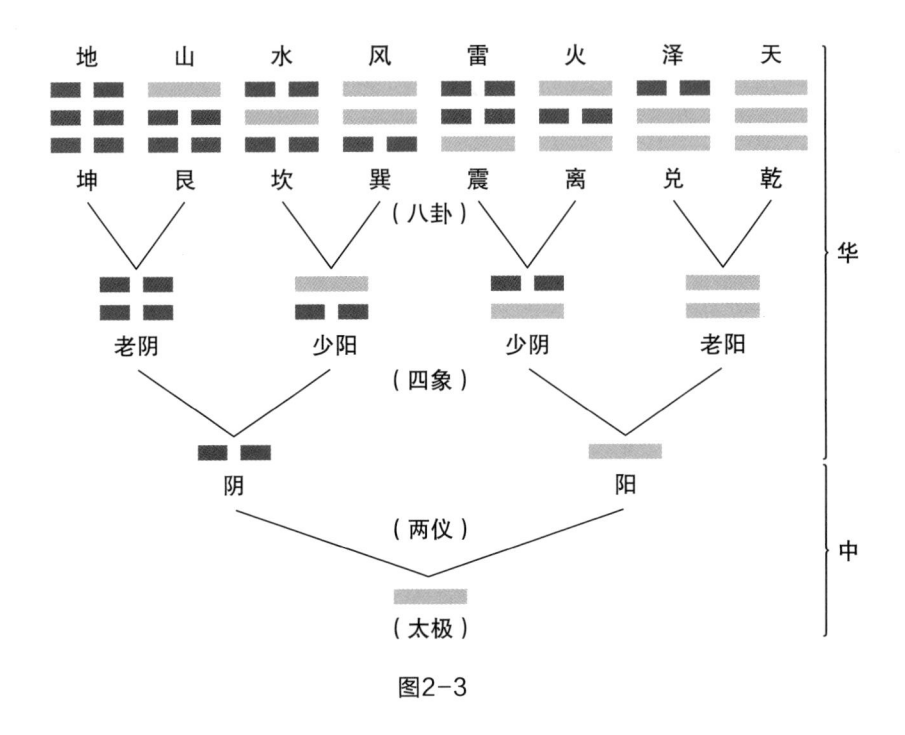

```
地  山  水  风  雷  火  泽  天
坤  艮  坎  巽  震  离  兑  乾
             （八卦）

   老阴      少阳     少阴      老阳
             （四象）

         阴              阳
             （两仪）

              （太极）
```

图2-3

什么叫中华？很多人一天到晚讲中华，却真的不知道什么叫中华。我们看上面的图（图2-3），下面的太极叫作中，上面这些通通叫作华。太极叫宗，万变不离其宗，因为太极是一切一切的根本。大家有没有发现，西方的学问一直在寻找宇宙最根本的东西是什么，到现在都没有找到，因为他们不敢说出太极。

有人会问，太极是不是伏羲讲的？我可以很清楚地讲，所有跟中国人有关的问题，只有一个答案，三个字，叫作很难讲。这是永远讲不清楚的，因为伏羲的时代没有文字，他怎么会写太极呢？但是他明明把太极给我们标示了出来。太极这个称呼，是孔子说的。

孔子为什么用太？大家看"太"这个字，由两部分组成，一个是"大"，下面的一点就叫"小"。太极是两个字合成的，就是大极了又小极了，都叫太极。其大无外，大到没有外面，够大了吧？其小无内，小到没有里面，够小了吧？因为这样很难说，所以就用这一点代表小，大跟小合在一起就叫太。

举个例子，我们把妻子叫作太太，就是因为她大起来比谁都大，小起来比谁都小，要不然为什么叫太太？可见，做太太的懂得该我大的时候我就大，该我小的时候我就小，那就是好太太。现在不是，不该你大的时候你最大，该你小的时候你又不小，那就乱套了。

再比如，历史上凡是有"太"的都是这样。太监大不大？不知道。皇帝相信他，他比谁都大；皇帝不相信他，他比谁都小。太上皇大不大？很难讲。皇帝不尊重他，太上皇就如同虚设；皇帝尊重他，太上皇就不得了。所以，以后不要随便叫人家太老师，太老师就是说如果没有人理他，他什么也不算。有关这些大家好好去体会，任何东西一到太就过分了。

可见，大学之道也应该叫太学之道，不应该叫大学之道。日本人学我们学到最后却没有学对，他们管自己叫大和民族，其实应该叫太和民族。大和民族就是大的跟小的不和，这不是很吃亏吗？

这么一个图（图2-4），对我们的影响太大了。世界到底是一还是多，到底是一元论还是多元论，西方人争论了两千多年，到今天还没有结果。中国人说，一就是二，二就是一；一就是多，多就是一。中国人的《易经》是讲数的，而数是活的，是有生命的，是生生不息的。外国人把它变成数学以后就固定了，僵化了，不灵光了，也没有变通了。比如，你问一个外国人那边来了几个人，他会数一数，然后告诉你五个。你如果问中国人同样的问题，他会随便一看，说七八个。这才是标准的中国人，我们一定会给自己留下余地。为什么？因为如果突然又跑出来两个，算谁的？人是活的，现在看是五个，等等可能变成八个，也可能溜掉两个变成三个。只要是数，都是有生命的，是会变动的。所以相书里面说，凡是连鱼缸里养了几条鱼都看得清清楚楚的人，是会短命的。鱼缸里有几条鱼，关你什么事，你又不能带回家。拼命瞧，浪费了多少精力，最后一定会早早死掉。稍微看一下，看得那么仔细干吗？稍微听一下，听得那么清楚干什么？这些话都是很有道理的。

图2-4

太极生两仪，那我们到底是一元化，还是多元化？西方人说，阴就是阴，阳就是阳。中国人说，孤阴不生，独阳不长。太极里面就有阴跟阳，因为阴阳是不分的。你要了解一个人懂不懂《易经》，问他阴阳是两个还是一个就好了。如果他说两个，你就知道他根本不懂，那就不要跟他讲了，也没什么好讲的，连阴阳都变成两个，那这个世界还有什么希望。

我们中国人是一之多元论，叫作一之多元。太极含有两仪，可以生出两仪（阴、阳），但是收回来还是太极，能放能收，能收能放。这对我们的影响很大。

举个例子。如果一个员工总是跑到外面去，老板就很生气：整天在外面，家里的事情谁做呢？但是员工整天待在公司，老板也会越看越火：整天待在家里，外面的事情谁做呢？中国人很厉害，总是站在门槛上晃来晃去。老板问他为什么出去，他会说没有，我刚进来。如果老板问他为什么进来，他会说没有，我正想出去。中国人经常这样晃来晃去，有人认为是消磨时间，其实不是。这才是标准的中国人，我在这里，出去，是出去；进来，是进来。一而二，二而一，非常清楚。记住，**所有事情都是一而二，二而一。**

所以，西方人分工分得非常清楚，中国人分工永远分得不清不楚，因为只要分得清清楚楚，事情就办不好。西方人写的职责表，一定是一二三四五六七，清清楚楚，而且写完就是写完，后面没有了。中国人写完之后，会加最后一条：其他。大家可以自己去验证，哪一家公司敢没有"其他"？你把"其他"去掉试试看，突发状况不把你搞得一塌糊涂才怪。

我们是最懂得自然的，不清不楚才能将事情做好。这件事情你们两个分工，但是做不好两个都有责任，谁也不要推托。只要有一个做错，另一个做对也没有用。这样大家才知道，中国人是对也骂，错也骂，不能只骂错的。现在我们学西方只骂错的，那就完了。

外国人经常问我的问题，就是怎么去了解中国人。我说你要了解中国人，把我这句话搞懂了，就懂得中国人了。哪句话？对是没有用的。外国人听了连夹克都甩在地上：对还没有用？如果对都没有用，难道可以错吗？我的答案很简单：**错，绝对不可以；对，真的没有用。**

对有什么用？这句话我们从小听到大，怎么忘记了？你只知道自己对而已，大家也知道你对，可是有什么用呢？说什么是非分明，这是在骗谁呢？实际上，没人绝对对，也没人绝对错。你多少有一些对，也多少有一些不对，这样大家才会心平气和。学西方学到最后是很倒霉的，因为在中国社会没有绝对的对，也没有绝对的错，一切都是变动的。

一个人太有魄力，人家就说你专制独断；一个人太好商量，人家就说你优柔寡断。你不干预，他说你闲着在干什么；你一干预，他就问你为什么这样做。大家要慢慢去体会这些事情。中国社会不像西方，我们不是真理越辩越明的社会。中国人很简单，不讲还好，越讲越乱，讲到最后大家都糊涂了。

我们从来没有像西方那样，唯物论、唯心论争论了两千年。中国只有一个，叫唯道论。唯道论，就是一切都是道在变化。这样我们才知道，为什么中国人问别人事情，都先问你知不知道，如果你不知道，那就没什么好谈的。

太极跟两仪是分不开的，叫作一分为二，二合为一。当你一脚踩出去的时候，还要收得回来，否则这一去就不知道到哪里了。所以，中国人往往一只脚动，一只脚不动，不会两只脚一起动。而且通常是阳先阴后，不会阴先阳后，这都是有道理的。其实大家慢慢了解乾坤之道以后，会知道现在完全是乾坤错乱的，没有一个人幸福，没有一个人快乐。

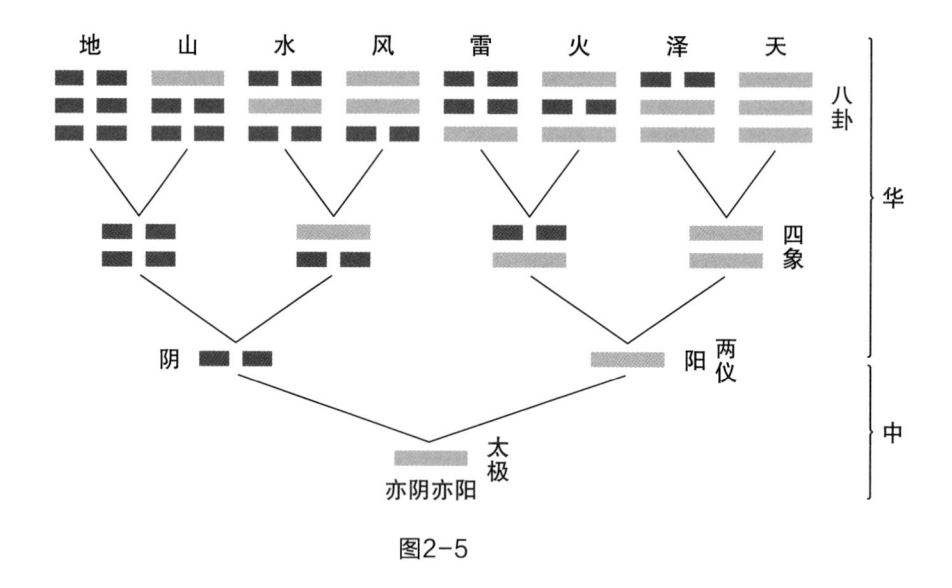

图2-5

阴阳再往上分，变成四象。右边是阳，左边是阴，中间有阳有阴。如果不是这样，那就画错了，其实是经常被画错。换句话说，凡是一分出去就有阴有阳的，那就对了，不可能通通是阳，也不可能通通是阴。

我们看上面的图（图2-5）最上面的八纯卦，凡是阴少的都叫阴卦，不叫阳卦；凡是阳少的都叫阳卦，不叫阴卦。阳卦多阴，阴卦多阳。西方人是少数服从多数，中国人绝对不可能少数服从多数。我们现在嘴巴上都讲少数服从多数，实际上心里头都是不接受的。我希望大家了解，中国人的看法是对的，从现在开始我们要把它讲明白，要不然后果真的很严重。

西方人为什么少数要服从多数？因为他们的学问是摸索出来的，一个理论提出来，多数人都响应，就表示这个理论是对的。这是非常可怕的事情。为什么？很简单，因为只有少数人是聪明的，多数人都是糊里糊涂的。如果叫这少数聪明的人去服从多数糊里糊涂的人，那这个社会还得了吗？闽南话讲得好，一个有智之士，比几百个饭桶还好。几百个都是饭桶，只有一个是有智之士。到底谁听谁的？答案很清楚。为什么中国古人讲要畏圣贤之言，就是这个道理。现在不是，大家都在热衷于新奇的理论、新奇的事物，好像新的就是好的。我们还是那句话，自作自受。其实，外国人也很不服气，他们认为我们只有孔子，只有伏羲，除此之外没有谁了。大家记住，就算再过一万年也没有一个人能够超过孔子、伏羲，因为他们这套系统已经把所有事情都讲清楚了。

什么叫阳中有阴，阴中有阳？举个例子。大家看自己的手指，大拇指只有一根，剩下还有四根手指头，一根是奇数就叫阳，四根是偶数就叫阴。人住的地方，柱子的数目要是阳的，也就是一根、三根、五根，用偶数就糟糕了。唐装的扣子也是阳的，可以一个、三个、五个、七个，就是不能四个、六个。四个、六个是寿衣用的数目，这都是非常清楚的事情。如果你买了一件衣服，上面有八个扣子，你还在穿，那不是咒自己吗？偶数代表阴，奇数代表阳。一个阳可以抵得上四个阴，就好比你开摩托车，只要大拇指不见了，虽然还有四个手指，但是也很难开。

阳中有阴，阴中有阳，阴阳是分不开的。那么，怎么判断阴阳呢？我给大家一个标准，凡是活动性比较大的都叫阳，凡是活动性比较小的都叫阴。比如，手心是阳，手背是阴。我们做事情的时候都是手心去面对它，所以手心是阳，而手背是阴。同样，打手的时候，要打手心，不能打手背。打手心是爱他，打手背是整他。因为打手背比较痛，而手心比较会伸缩。

请问大家，你打孩子，希望他的手会缩，还是不会缩？如果你的孩子你要打，他就让你打，说明你是很糟糕的，养了这种傻孩子。别人打的时候，会缩的孩子才聪明。所以，天底下哪有什么定论呢？

实际上，《易经》发展到八卦就没有了。大家不要说有六十四卦，那是外行，因为六十四卦就是八卦，它不过是八卦重叠起来的一种应用而已。所以，以后不要说六十四卦，就是八卦，简单明了，而且都是三画卦，没有四画卦。我们以后慢慢会讲到中国人为什么无三不成礼，这些都是有原因的。凡事一二三就差不多了，再下去都是多做的。一二三再做不好，四五六也没有用。

大家不要小看中国人的数。很多人说中国人的数是乱讲的，怎么会乱讲呢？三六九有三六九的用意。比如大家都说的黄花岗七十二烈士，我就不相信刚刚好有七十二烈士。再多也是七十二，再少也是一百零八，这才是中国人。反正数是活的，用什么比较妥当，就用什么。

"妥当"两个字在《易经》里面是非常重要的，不是对不对，对不对无所谓，妥当最要紧。这样不妥当，你再对也没有用；这样比较妥当，错也很好。这跟外国人的思路完全不一样。

我们来理一下，《易经》的系统，就是先有两个符号——阴（--）

和阳（—），然后向上发展，而发展到八卦就已经够用了，没有必要再往上去。其实，我可以告诉大家，以中国人的个性，当初有这两个符号的时候，一定是四画卦、五画卦、六画卦一直画下去，画到最后才知道没有用。无三不成礼，一切都到三画卦为止，不再往上了。

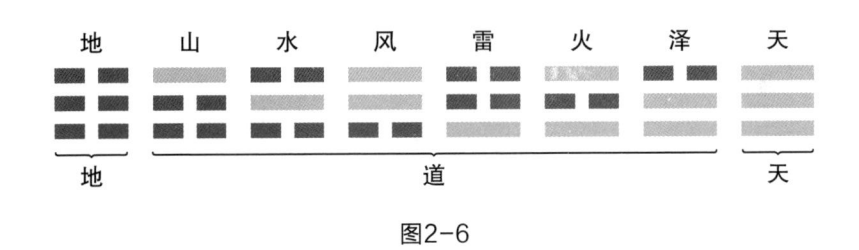

| 地 | 山 | 水 | 风 | 雷 | 火 | 泽 | 天 |

地　　　　　　　道　　　　　　　天

图2-6

大家看上面的图（图2-6），右边的一卦叫作天，左边的一卦叫作地，中间六个卦就叫作道，它的变化太神妙了，所以叫作神。中国人神的观念跟西方人神的观念，是完全不一样的。现在很多人都用西方的宗教来解释中国的《易经》，那就全错了。读《易经》就是要摆脱宗教。中国人最高的信仰是道德，其他的都不是。我不排斥任何宗教，但是大家要知道，宗教仅仅是那一只指向道德的手，而很多人最后往往只看到了手，没有看到手指向的道德。

三　画出自己的本命卦

- 做任何事情，千万记住四个字——适可而止，否则的话就会徒劳无功。
- 命是固定的，无法改变，我们所能改的只是运而已。
- 大事情是老天在决定，只有小事情才是人在决定。
- 人生是来享受过程的，不是来看结果的。
- 《易经》告诉我们的位、数、时，这三个就决定你的一生。
- 人，走正道最要紧，但走正道是很辛苦的。可是，不辛苦怎么知道那叫正道呢？
- 做人只可以随机应变，绝对不能投机取巧。

大事看天小事看人

大家看下图（图3-1），上面有六个空格子，为什么？因为每一个卦都有六个爻，表示人生的六个阶段，而且由下往上走，叫作力争上游。这些空格子已经定了，要我们自己来画这个卦。**所谓人生，就是好好地把自己这辈子的卦给画出来，然后就挂掉了。**

图3-1

老实讲，几乎没有人有本事画两个卦，那实在太难了。有的人一个卦都画不完，就提前回去了。其实，不只是儒家，道家也在解释《易经》的道理。道家老子讲了一句话，"道生一，一生二，二生三"，很多人都在质疑，因为"二生三"跟数学是不符的，大家都觉得应该是"二生四"才对。可是，大家看下图（图3-2），会发现一生二，二生三，就是这样的。换句话说，画到三画卦就停止了。

图3-2

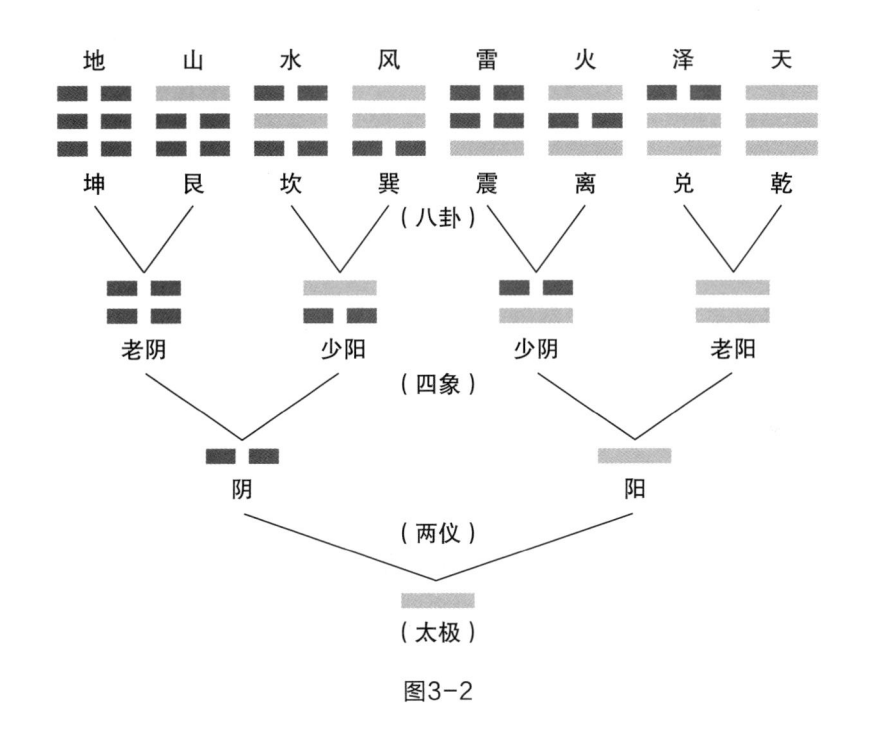

做任何事情，千万记住四个字——适可而止，否则的话就会徒劳无功。适可就该止，这个"止"就是艮卦。艮卦告诉我们，什么时候该结束了，不要一直上去，否则见好不收，最后后悔也来不及了。

每个人这一辈子来要画什么卦是谁在决定？这就牵涉到一个很常见的观念，我们来讲一下。孔子读《易经》读到最后，只读出四个字：时也，命也。可是很多人真的不知道什么叫时，什么叫命。一命、二运、三风水、四积德、五读书，太多人知道，但就是不会解释。千万记住，中国人的学问是活的，绝对不是死的。所以，这样看可以，那样看也可以，怎么看都可以，它没有固定的方向。

首先，什么叫作命？一个"口"，一个"令"，合起来就是

"命"。(图3-3)人生是要听命的,我们都是按照命在走,但是世界上没有宿命论。现在有些人很奇怪,讲了一些很奇怪的东西,说什么宿命论。哪里有什么宿命论?你能什么都不做,不吃也不喝吗?那还怎么活?可见,根本没有宿命论。但命是定的,叫作一切有定数。像这些观念,只要大家搞清楚,就完全明白自己该怎么走了。最要紧是,这个命令是谁在下。西方人说是上帝在管,中国人说是我们自己在下命令。中国是人本位,天大地大人也大,所以我们自己给自己下命令。

$$口+令=命$$

图3-3

我们为什么要孝敬父母?因为父母是我们自己选的,不是父母糊里糊涂把孩子生下来的。今天有关DNA的研究已经证明,我们是做好一生的规划,然后才选父母,进入母亲的子宫,之后就按照预先的计划来安排自己的一生。是我们自己在做主,不是天在做主。那为什么我们要感谢天呢?因为天给我们机会和资源。如果天不能配合的话,我们这一生的计划是不可能完成的。

命是固定的,无法改变,我们所能改的只是运而已。坦白讲,如果你确确实实是好命的话,那就什么都不用做了,问题是没有人敢保证你的命真的是好的。我只能告诉大家,孩子投胎到你们家,他就是想当中国人的,结果你们从小教他英语,等他长大又把他送到国外去。那么,他会怎么样想?到最后他一定不孝,这要怪你,而不能怪他。

我认识一对老夫妻，都是高学历而且非常有教养的人，先生七老八十了，他心里的话是什么？一句话而已，他这一生最大的遗憾就是把孩子送到国外去。老夫妻在中国台湾，孩子在美国飞黄腾达，可是根本不回来见父母，就是打电话来说"爸妈，你们要保重，再见"，这不都是自己搞出来的？

我再说一遍，我没有反对任何事情，因为一切都是自作自受。只是大家要了解，我们都不是事先诸葛亮，而是事后诸葛亮，这才麻烦。比如我们经常讲一句话——"早知道"，早知道就是一点儿不知道，才说早知道。等到事情发生了，才说早知道，又有什么用呢？

每个人心里都有一个广播电台，叫作良心广播电台，它是二十四小时全年无休的，却没有人听。它不停地呼唤我们不要这样做，但是我们完全置之不理。这就是人类现在的状况。有人会说，这又有什么关系呢？看似没有关系，但大家一定要明白，如果一个人从生到死都没有觉悟，那无所谓，偏偏在快死的时候会觉悟，惨就惨在这里。人在临终的时候，身体会慢慢停顿下来，但意识还在不断地动。基督教管这个叫作最后的审判。我们把它称作"倒带"，就是把你这一生的所作所为做一次倒带播放，那时候就非常可怕了。人临终的时候，脸色会变来变去，就是证明。你七岁的时候打了一个同学，到这个时候，那个同学会出现，以同样的方式、同样的部位、同样的力道，照样打你一下。

该还人家的一定要还，该给你的也不会亏待你。你做了一大堆坏事，可以求神拜佛来将功折罪吗？没有那回事。到人生最后倒带的时候，你就知道了，但是那时候已经来不及了。因为摆在面前的是由不得你自己选择的，这就叫因果。因果是科学，只是这两个字被宗教拿去用，用到最后变成了迷信，这才糟糕。

我们要明白，你是你自己的主人，但这个你到底是谁？就是你的灵魂。灵魂才是你的主人，身体只是器具、工具。我们打个比方，大家就清楚了。电脑，硬壳的部分就相当于你的身体，电脑坏了，了不起再换一台。那个软件系统，就相当于你的心。生而为人，是你自己在做主，不是别人在做主，你要为自己负起完全的责任，这才叫中华文化。

《易经》里面有一句非常重要的话，叫作"自天佑之，吉无不利"。这个"自"不要解释成来自，而是指你自己。天是不会保佑任何人的，否则天一出手，马上就有人抗议了，因为保佑你就是在侵害他的权利。所以，老子讲"天地不仁"，老天该下雨就下雨，该干旱就干旱，不管你高兴不高兴，需要不需要。老天是为了整个地球的运作，不得不这样。**中国人说谢天谢地，是感谢老天给我们机会，但是我们自己要努力**。上天是不会保佑你的，但是你自己先努力，上天就会帮助你，那叫作如有神助，好像有神在帮助一样，实际上主要还是看你自己。

真正了解了中华文化，你会知道，所有的一切都要你自己负起全部责任。很多人说中国人依赖人，请问依赖谁呢？父母自己都养不活了，还怎么养你？政府自己都照顾不过来，更不会养你。但是，我告诉大家，如果政府真的把老百姓都照顾得很好的话，老百姓的自杀率会马上提高。这是很奇怪的事情。比如北欧某些国家，福利非常好，从你出生照顾到死，但是自杀率最高，因为人活得没有意思。如果人活着没有苦头吃的话，还活着干什么呢？**人生在**

世，就是要接受磨炼，就是要吃苦头。如果这些都没有，干脆死掉算了。

大家有没有注意到，为什么很多歌星职业生涯达到最高点的时候会自杀？因为他会选择，再不自杀后面的日子很难过。掌声最大的时候跳楼，大家都鼓掌，惋惜悼念，死得其时；如果舍不得，等到最后没有掌声了，那时候再跳楼是很凄惨的。我没有鼓励大家跳楼，而且中国人是反对自杀的。

"时也，命也。"如果你的命真的很好，那什么都不用管，躺在那里等就好了。问题是没有人能够保证自己的命真的好。就算是算命先生看过了，那万一看错了怎么办？你说他神算，可能偏偏就在看你的时候算错了。既然命无法保证，只能拿运来补。老实讲，如果命不好，再怎么运也没有用，但是命再好，有时候也会运不好。什么叫作运？就是运气。**人活着就是一口气而已，这个气也是你自己在运。运得好，就叫运气好；运得不好，就是运气不好。**那也只能怪你自己，谁让你自己没有好好运？

我们中华民族是不认输的民族。请问大家：是认输好，还是不认输好？西方人是认输的，中国人绝对不可以认输。西方人的足球队赢了，欢天喜地不得了；输了，全体剃光头。中国的足球队永远讲一句话：下次你就知道了。他从来不跟你讲以前，也不讲现在，而是讲以后。我们从来不认输。从来没有一个妈妈会跟自己的儿子说："儿子，你看看你祖父就是不行，你爸爸也没有出息，我看你也算了吧。"我没有听过这样的话，我只听过："你祖父是为奸臣所害，不然他不得了。你爸爸是相信错了人，不然很有成就。所以你要好好争气，绝对不会错。"你看，中国人最厉害，所有都推给别人。我们的民族性是从来不认输的。大家慢慢去想，这些到底是对还是错。

有人说，中国人很势利。其实，其中的缘由一句话就讲清楚了：如果中国人不势利，你会这么争气吗？你之所以这么争气，就是他故意弄得很势利。人在人情在，人不在一翻两瞪眼。中国人非常有人情味，但是说翻脸就翻脸，就是这样塑造成了我们的民族性。这是《易经》给我们的东西，大家要好好去了解。

运气运气，不管你怎么运，都会有差错，因为人算永远不如天算。**天算是命，人算是运**。就算你再会算，一辈子也难免有那么几次算错，所以要拿风水来弥补。

一天，有人请朱子看风水，他就很认真地看了一处风水宝地。于是有人跟朱子讲："哎呀，你糟糕了，那是坏蛋。你怎么能替一个坏蛋选这么好的风水之地呢？"朱子说："没错，我这个人要么答应，要么不答应。不答应就没有我的事，既然答应了就该认真看。但是我没有害人，因为他能不能发是他的事。"说的很对，人家叫你看风水，你可以拒绝，可是一旦接受了，就要好好看。但是，同样的风水能不能发是主人的事，这叫作福地福人居。你说这里风水好，但是住进去却厄运连连，那能怪谁呀？只能怪自己。

比如彩票，有人一算，特等奖的数字都能算出来。你按照这个数字去买，高兴得不得了，以为一定能中特等奖。结果一开出来，却不是。你去找那个人理论，说我相信你，结果没有中。他会怎么说呢？怎么没有中，明明就是那一张中，但是你命不该中，所以你买了它就变了。这也是一个理。中国人的事情到最后用四个字就能说明，叫作死无对证。

很多东西都是死无对证，包括积德。一个人自己觉得明明在积德，最后却是造孽。老实讲，你给别人钱，到底对不对，真的不知道。比如非洲人很穷，但是穷也能努力活下去。结果我们去帮助他们做事情，给他们太多东西以后，他们可能更懒了，最后更穷。如果我们不帮助他们，他们只是穷而已；我们帮助他们，反而让他们变得更穷。这样的案例太多了。

最后，只有读书是真的，其他都是死无对证的。但是现在的读书人完全没有用。中国人讲，读书是为了明理。只要把书读对了，找到道理，一切按照道理去走，那一定没有问题。而且一个人只要样样按照道理去走，什么一命二运三风水四积德通通不必管。问题是我们永远搞不清楚自己是不是按照道理去走的，所以要用积德来补，又搞不清楚是不是积德，所以用这个来补，用那个来补。

时也、命也

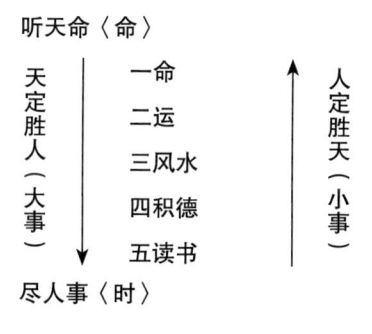

听天命〈命〉

天定胜人（大事）　一命　二运　三风水　四积德　五读书　人定胜天（小事）

尽人事〈时〉

图3-4

大家看上图（图3-4），一个人自上往下，相信一命二运三风水四积德五读书，叫作天定胜人。自下往上，相信五读书四积德三风水二运一命，叫作人定胜天。孔子告诉我们，"尽人事，听天命"。这些都叫作时，有时候靠运气，有时候靠风水，有时候靠积德，有时候靠明白道理，但就算明白道理也要随时做出合理的调整。时一变，道理就变了，你不灵活、不灵光，就是不行，那叫作书没有读透。但是有一点我们都很清楚，**大事情是老天在决定，只有小事情才是人在决定**。

比如选举。我们总认为选举是人投票决定的，我不认为是这样。该谁当选是老天在决定，因为《易经》告诉我们，大位由天定。如果你观察仔细，会发现老天越来越清楚地告诉我们，选举的人是天在定，不是你在定。因为一夜之间翻盘的事情，最近越来越多。明明是他，为什么突然不是了，最后只有天知道。不认识字的老太婆去投票，就问她儿子到底要投给谁，她儿子说投三号。她就念叨着三号、三号，然后领了选票，却忘了是几号，随便选一个就投进去了。这一票就是天定的。这个人本来是要去投票的，结果打麻将忘记了，没有投。这些加起来，你就明白了，大位是天在定，不是人在定。小事情我们自己可以定，大事情其实都是天定的。

什么叫老天？老天就是自然，跟神佛没有关系。中国所有的神佛都是人创造出来的，不是说他们的存在是来管我们的。比如，关公是人，妈祖是人，玄天上帝是人，姜太公是人。我们所拜的都是人。很多信基督教的人说我们在拜偶像。其实，中国人从来不拜偶像，我们只拜三种：第一，拜天地；第二，拜祖先；第三，拜圣贤。其他的就不拜了。我们从来不崇拜英雄，大家想想看，有没有哪家在拜秦始皇，在拜汉武帝？没有。我们有时候去拜郑成功，就是因为他没有成功。如果他成功了，我们也不会拜他。他那么好了，我还拜他干什么？这是我们的民族性，非常有意思。怎么会这样？大家可以从《易经》里面找到所有的答案。

有人动不动就讲中国人崇拜英雄，这不可能。崇拜英雄就糟糕了。我们崇拜的是圣贤，不是英雄。我们拜天地是因为不忘本。拜祖先是因为父母是我们自己选的，要对得起自己。那么拜圣贤，是什么道理？最近有很多节目都在批评以前的这些人，把他们当笑话在讲，我觉得这是非常危险的事情。我刚刚讲过，中国人是不认输的，不认输怎么办？就要有几个典范，但是典范很不容易树立。我们只有孔子、孟子、老子几个，其他的没有了。好不容易树立起来的典范，马上把他打倒的话，那中国人就完了，就不知道该学谁了。

中国人没有主宰，没有神主，我们只有典范。如果现在要把这些典范打倒，那我们的子孙怎么办？很多东西现在都开始乱了，这是不好的征兆。

记住，从现在开始，我们要用《易经》来解释所有的现象，不要用现代的东西回过去解释《易经》，否则是解释不通的，因为现在有太多是错误的。

尽人事而后听天命

如果你尽了人事，就不要去管结果。现在我们受西方的影响，凡事都是结果论，占卜也是结果论。其实，过程才比较重要。

人生是来享受过程的，不是来看结果的。结果大家都一样，六尺长，三尺高，三尺宽，一个棺材而已。那有什么好看的？所以大家要记住，老天让你有钱，是用钱来考验你怎么过有钱的生活；老天让你没有钱，也是考验你没有钱怎么过生活。你的生意很好，是老天在考验你生意很好的时候怎么办；你的生意很差，也不过是老天在考验你生意不好的时候怎么办。一个人有这样的观念，那就对了。每一样东西都叫作天考。有人说这不是宗教在讲的吗？没错。如果你用迷信的眼光去看，那就很糟糕；如果从道的角度来看，那本来就是这样。

大家都知道，几乎所有有出息的人，小时候家境都不好。现在那些成功的人，常常讲自己年轻的时候多穷，差不多都是这样。如果你小时候，爸爸就很有钱了，等你长大有了成就，大家会说，原来你是靠你爸爸成功的。那你就完了。事出必有因，走到这一步，下一步会怎么样，是跑不掉的。当然你可以改，但是能改的很有限。

我现在归纳成三句话：命可以改，但是非常难，只能非常有限地改。运气是起起伏伏的，没有人能永远拥有好运气。这就叫作人生。一个是阳，一个是阴，相互交替出现，人生就好像在踩这个圆柱形的滚筒上（图3-5）一样，一会儿是阴，一会儿是阳，踩到这里是既济卦，稍微向前一步就是未济，退一步也是未济。未济当中有既济，既济当中有未济。

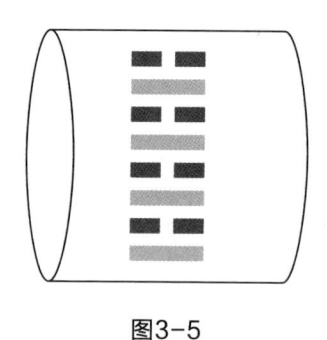

图3-5

有的人踩得很小，有的人踩得很大，到底哪个格局大？（图3-6）很难讲。有的人上辈子什么都做好了，只缺一个功课，他来这里踩来踩去就完成了。有的人可不一定，因为需要重修的科目太多，样样都要补修，忙得要命。所以这一辈子越有成就的人，就是以前欠的太多了，不然那么忙干吗？人家欠得少，悠闲活着就好了。

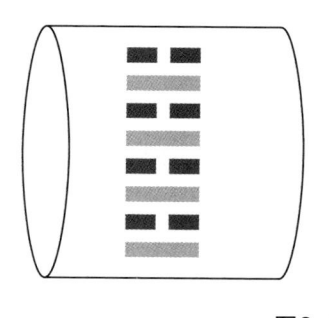

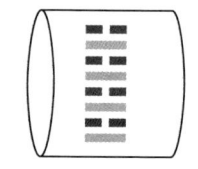

图3-6

我当空大教务长的时候，有一天中午，日正当中，我们几个人要去吃饭，有一个校工在扫地，扫得满头大汗。我的同事说："教务长，你看，多么好的校工。"我说："日正当中，挥汗如雨地扫地，你还说他好？他肯定不是在替空大扫地，你放心吧。"他如果替空大扫地，十一点半就休息了。他非常清楚，他在替自己扫地。因为他别的功课都修过了，就差一个扫地不及格而已，然后他这次认真扫扫，就圆满回去了。

凡是忙的人都是缺角太多，不然轻轻松松过日子就好了，何必自找麻烦。有人说要养成忙的习惯才好，那下辈子还会继续忙。要忙到哪一辈子，大家自己去想好了。

在中国各个省市中，上海人的步调快得不得了，可是四川人就没事，大家整天打麻将。可是整天打麻将也没少花钱，也没有说钱不够用。有人抽烟，我们说如果不抽烟，钱省下来，不知道有多好。实际上，抽烟要花钱，不抽也要花钱，而且不见得能多省下多少。大家觉得奇不奇怪？其实，人这辈子该有多少钱，就会有多少钱。你想也是那么多钱，不想还是那么多钱；你做也是那么多，不做还是会自然来。只是我们不敢去做尝试，而且还在怀疑，一怀疑就完了。比如我们去拜神明，求他保佑，最后心里还有一句话：不可能。这是自己否定自己，那就完了。人最大的敌人是自己，不是别人。

人生，小的这个不算是小格局，大的这个也不算是大格局（图3-6），但是两个都一样，往前一步都是失败。只有那个点很对的时候才能成功。可见，成功是偶然的，失败是必然的。但现在的父母偏偏强求自己的孩子要成功、要成功，那只会一辈子糟糕。

比如，近来有很多人不敢开年会了。我公开讲过，只要你开年会，问题就来了。天道忌满，人道忌全。老天只做一件事情：你的钱太多，给你花一些；你没钱，给你补一些。老天所做的事情就是把多的拿给少的。就像大海从来不做事，水通通流到它那里去。如果大家想通了这些道理，就知道人通通是在白忙活。

有人问我是不是白忙活，我已经说得很清楚了，我不在乎中华文化会不会复兴，因为就算我不做，它也会复兴；如果它不能复兴，我做得再累也不能复兴。这才是事实。我只是做我应该做的事，除此以外完全没有想法，也不应该有想法。**每一个人只做自己应该做的事，这叫天命。**

那么，怎么知道自己的天命是什么？**天命就是当你做一件事情，做到欲罢不能，做到没有钱也要做，做到再辛苦也要做，那就是你的天命。**如果还在问赚多少钱，还在问结果怎么样，就不是你的天命，那是你在赚钱，在生活。简而言之，做事情不会计较就是天命，如果还在计较，就不是天命。

每一个人到这个世上，要做什么是自己选的。孔子选得很清楚，而且他的理想很好，但是没有人理解他。他很想做事情，也保证给他三年时间可以把国家治理得很好，但是没有机会。这是他的选择。孔子是幸还是不幸？当然是大幸。如果孔子的理想当时很受大家欢迎，请他去做官，他就变成了周公第二，而不是孔子了。

孔子老是说自己梦到周公，就在暗示，如果他像周公一样得到机会，就会飞黄腾达。然而这样的话，除了周公两个字，其他什么东西都不会留下来。孔子什么机会都没有，他只好好好教书，然后找几个学生把他的话记载下来，流传下去，成为了万世师表，中华民族的圣人，当然是大幸。

记住，人活着只是有限的空间，死后才是无限的空间。大家自己去选，是要求这个空间，还是求以后的空间。中国人说，不要争一时，要争千秋。活着的时间是有限的，所以不要把精力通通耗废在活着上，死后才是无限的，而无限的空间更重要。

讲到这里，我提醒大家一点，男人是怕九的，因为多半到九就完蛋了。所以，如果你的父母六十九岁了，干脆给他做七十大寿，中国人是不会等到七十再做的。男人怕九，过不了九。爸爸六十九岁，赶快给他做七十大寿，就是让他的脑海里面没有九，这才是懂得道理的人。过了七十，又是一个循环下去，否则的话很难。

做人最要紧是定位

《易经》,一个讲时,一个讲命。还有一个很重要,讲位,就是每个人一定要有自己的位置。这个位很重要。

既济—瞬间　未济常相伴

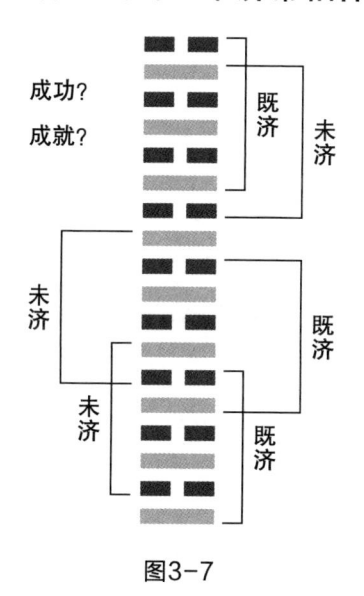

图3-7

大家看上图(图3-7),阳阴阳阴阳阴叫作既济,阴阳阴阳阴阳就叫未济。既济就是成功,一变换,是没有成功,再一变换又成了成功。成功、不成功、成功、不成功，就这样一直下去。但是，既济是一瞬间的。很多人竞选赢了，只高兴一个晚上，第二天就不高兴了，因为面临的问题很多。谁敢高兴很久？当你开庆功宴的时候，就得罪了很多人了。因为很多人看你很碍眼，这个碍眼是很麻烦的事情。

既济、未济，**既济是一瞬间，未济是常相伴**。所以我们要告诉自己的孩子，人生是长期的竞赛，不是短跑。现在的父母都是短跑的观念，不要让自己的孩子输在起跑线上。下面那句话很难听，就是结果都死在跑道上。

做人最要紧的是定位。经营企业最要紧的是市场定位，市场定位非常要紧。位不完全是空间，它有很多解释，你的立场也是你的位，人各有分，就是人各有位。其实，有一位给你摆得好好的，就是家里的神主牌那位。神主牌那一位给你打理得好好的，你不用烦恼。全世界的人从来没有像中国人这样，死后神主牌一立就变成神了。这也反过来提醒我们，只要你活着就不是神。如果一个人活着的时候说自己是神，你就问他还要不要吃饭就可以了。还要吃饭，就表示他根本不是神。这是很容易了解的事情。

六爻的时位是不同的，每一个爻位都是虚的，可以放进一个阴的，也可以放进一个阳的，随便你选，反正不是阴就是阳。（图3-8）其实，当大家出门的时候，到底是向左边走，还是向右边走，那就开始选择了。什么叫运气？就是不断地选择，选对了叫运气好，选错了叫运气差。摆在我们面前的，很少只有一条直路，经常都是左右做选择。所以，当你要找一个目标的时候，最要紧的就是左右不能选错。

六爻时位不同

时	数	位
末	上六	上
五	九五	五
四	六四	四
三	九三	三
二	六二	二
初	初九	下

阴阳（数）·时·位（命）

图3-8

请问大家，是男人比较会选方向，还是女人比较会选方向？这里要提醒大家一点，男女是不可能平等的，鼓吹男女平等完全是笑话，是骗人的话。大自然根本没有平等这种东西，梅花跟樱花会平等吗？松树跟柏树会平等吗？不可能平等。世界上没有两棵树是一模一样的，也没有两种东西是做得一模一样的。男女有别才是真的，这不是平等不平等的问题，也跟平等不平等完全没有关系。你说男女平等，可以，我只跟你讲一句，那么你让男的生一个孩子看看。生不出来，你有什么资格讲男女平等。

美国是科学很发达的国家，他们曾经做过一个750人的集体催眠实验。在催眠状态下，研究人员首先问被催眠的人是第一次做人，还是做过好几次人，大多数人都说自己做过好几次人，不是第一次来做人。我也相信大家都是做了好几次人了，因为中国人最难做，大部分都是做了很多次人，老练了，才来试试做中国人，看看到底有多难。

研究人员继续问，既然你做过好几次人，请问你这一次要做男的，是谁在决定。他说是我自己选的。研究人员觉得很奇怪，就问一个女生为什么要选择做女生。她说，做男的一辈子只有两次机会，一次靠爸爸，爸爸靠不住，靠妻子，妻子靠不住，就完了。做女的有三次机会，第一次靠爸爸，不可靠，找个丈夫，还不可靠，那就生个儿子，靠他。非常有道理，女人的机会比男人多，所以男人都是第二志愿被录取的，这就是阴阳的变化。

中国以前也是女性社会，到现在有些地方还是女性社会。为什么后来变成男性社会了？这是伏羲的一件大功劳。如果家里头女性当家长，男人就是废物一个，因为他没有责任感，孩子也不是他生的，他还管这么些干什么？女性社会就是这样，既然孩子是妈妈生的，妈妈跟孩子天生就有缘分，所以她要去照顾他。男的就要去工作，男的一想，孩子是你生的，我还要赚钱给你，干脆跑掉。现在很多地方依然如此，太太没有生孩子，他跟她住在一起，一旦生了孩子，拔腿就跑，跑到不见人。因为他会想自己为什么一个人要去养两个，不如跑掉。这是女性社会所带来的问题。

男性社会很简单，就是男的不要想着跑掉，女性弄一个高帽子给你戴上去，叫作家长，没有钱领，还要做牛做马，就是为了当家长。现在连家长都不让他当，他当然就跑掉了。我觉得这个道理简单无比。我们将来讲到乾坤配的时候，大家就会感觉到，其实《易经》里面全部都讲到了。

大家可以看出来，这六个位随便你选，可以选择阳的，也可以选择阴的，但是六个组合起来，就完全不一样了，只要其中有一个选择不一样，结果就不一样。一爻变全卦都变，叫作牵一发而动全身。要了解《易经》，先把这个看懂，很快就入门了。

有时，有位，当中就是数。一切有定数，就是反正不是九就是六，没有别的了。九就是阳，六就是阴。

六爻时位不同

时	数	位
末	上六	上
五	九五	五
四	六四	四
三	九三	三
二	六二	二
初	初九	下

阴阳（数）·时·位（命）

图3-9

我们看上图（图3-9），初二三四五末，讲的是时，有初就应该有末。上五四三二下，讲的是位，有上就应该有下。大家有没有看到，"初"和"下"选一个，选了"初"，为什么？"末"和"上"选一个，选了"上"，为什么？这是非常重要的。任何事情开始的时候，时间比较重要，位置反而没那么重要。那时候根本就没有什么位置可言。比如孩子一生下来，我们首先问的是什么时候出生的，因为这时候，时很重要，位不重要，为什么？不过是小婴儿，你怎么知道他将来会怎么样？

顺便跟大家讲一下，我们都知道，孩子刚生下来的时候是不说话的，那为什么不让他生下来就会说话？那多好，以后还免得学。其实如果孩子生下来就会说话，能存活的几率不高，因为他的计划他都清清楚楚，一生下来就说"爸爸，你不用高兴，我这辈子是来找你报仇的"，马上就被掐死了。

孩子之所以选择你们当他的父母，不外乎有两种选择：一是报仇，二是报恩。无缘无故找你，那是笑话。你欠他很多，他想了想就想通了，最好的报仇方法是做你的孩子，处处牵制你，你还要将他养育成人，这样大仇得报。大家听了以后，都会想知道，自己的孩子到底是来报仇，还是来报恩的。当然，读了《易经》你就知道，那是看不出来的。为什么？他会用报恩的方法来报仇，或用报仇的方法来报恩，随时在变，且变化无穷。

比如，有的孩子一生下来非常可爱、非常美丽、非常俊俏，深得父母的欢心，那他到底是报恩的还是报仇的？不知道。长到十三岁那一年，跑出去被车子轧死了，你才知道，原来是来报仇的。如果孩子长得不好看，功课不好，又不听话，十三岁被轧死了，还好一些。偏偏他就是得到你的欢心，得到你所有的寄望，然后死掉，大仇得报。这就是用报恩的方法来报仇。

还有一种是用报仇的方法来报恩，比如几个孩子个个都好，就是有一个从小调皮，读书不行，找工作找不到，又不听话，几乎快要把你气死了。可是等到有一天你老了，得病了，所有有办法、功课好的孩子都在海外，最后只有这一个跟在你旁边，你才知道原来他是来报恩的。

人没有经过这些，永远搞不清楚自己是干什么的，这就是《易经》精妙的地方。没有到最后一爻，看不出来是什么卦。当然，熟悉的人可以大概知道个八九不离十，可是如果没有一步一步画完一个完整的卦，一般人是很难看出来的。我们先把这些弄清楚，将来翻开《易经》就心中有数了，否则永远看不懂。

小孩儿生下来，时最重要，要赶快把它记下来，甚至性别是男是女都不重要。如果你是先生，太太生了，你的第一句话敢不敢问是男孩还是女孩？凡是孩子一出生，赶快问是男是女的先生，这一辈子就完了，重男轻女。男的怎么样，女的又怎么样，何必跟自己过不去。心里想知道是男孩还是女孩，不能问就是不能问。自然会有人告诉你，急什么？这时候赶快问几点几分出生的，才是会做人的人。老实讲，读懂《易经》，你的人生会很愉快，不会留下把柄，也不会让人家笑话。

一个人去世了，你会不会赶快对表，看看是几点几分去世的？想必大部分人都不会。**人出生的时候，时比较重要。死的时候，位才比较重要。**如果去世的是一个对社会很有贡献的人，我们都会说他了不起，纷纷悼念。如果去世的是一个地痞流氓，大家的观感就不一样了。

再比如，公司要开张的时候，一定会选择一个好时辰。但是，公司要倒闭的时候，没有人会去选一个好时辰来宣布倒闭，那不是笑话吗？倒闭就倒闭，赶快查查公司还剩多少钱才比较重要。可见，刚开始，时比较重要；到最后，位比较重要。

人生就给我们那么多时间，怎么去求上进，走到应有的位置，是每一个人都要做的功课。可是这当中有一个性质，就是到底是利用这个时间做好事还是做坏事，是奉献还是完全只进不出，这里面会有很多变化。以后我们会好好跟大家讲清楚。

时位数决定你一生

用两个符号代表三样东西，这是《易经》最高明的地方。以后如果在《易经》里面看到初九，你就应该知道它指的是一个卦的第一爻。初代表刚开始的那一爻，九代表这一爻是阳爻。换句话说，如果一个卦的第一爻是阳爻，那就叫初九；如果第一爻是阴爻，那就叫初六。阳用九来代表，阴用六来代表，反正不是初九就是初六。同样，如果一个卦的最后一爻是阳的，就叫上九；如果最后一爻是阴的，就叫上六。

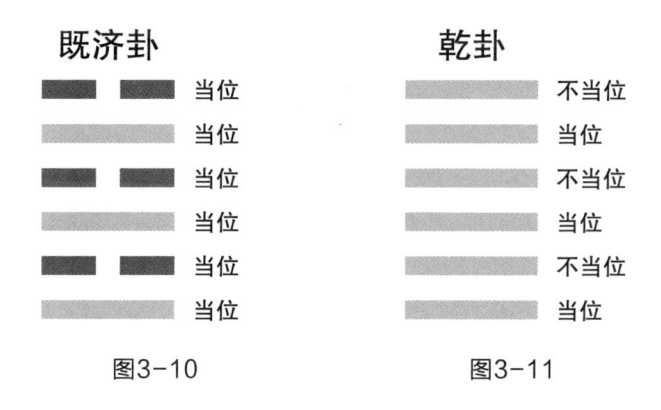

既济卦

▬▬　▬▬　当位
▬▬▬▬▬　当位
▬▬　▬▬　当位
▬▬▬▬▬　当位
▬▬　▬▬　当位
▬▬▬▬▬　当位

图3-10

乾卦

▬▬▬▬▬　不当位
▬▬▬▬▬　当位
▬▬▬▬▬　不当位
▬▬▬▬▬　当位
▬▬▬▬▬　不当位
▬▬▬▬▬　当位

图3-11

我们看既济卦（图3-10）。为什么叫既济？就是它的每一爻都当位。所谓当位，就是一三五爻是阳的，二四六爻是阴的。每一个爻都当位的，就是既济卦。这样大家就了解了，像乾卦（图3-11）

都不见得很当位。在《易经》里面，我们看到乾卦都觉得不得了，其实有什么不得了的，三个爻当位，但是也有三个爻不当位。只要阳爻在阴位，或者阴爻在阳位，都是不当位。像这些都有一定的关系，我们要好好了解。

在管理上，我们可以看得很清楚。如果一个公司的基层员工很积极，很奋发，自主性很强，那工厂主任就不必那么强悍，否则硬碰硬，大家很难相处。所以，老板就要选择比较柔和的人来当主任。如果基层员工积极性不高，得过且过，那工厂主任就要找一个比较强悍的才行。可见，到底工厂像不像战场，要看你的状况怎么样。

但是，基层员工强悍，主任比较柔和的话，迟早会走下坡路。所以，主任上面的科长一定要找一个比较强悍的。科长到现场臭骂一顿，然后上面的经理就跑来跟大家说不要计较，他刚才被我骂了，才拿你们出气，其实他是好人，不要误解。一个扮黑脸，一个扮白脸。然后中阶层是这个样子，总经理就找一个比较硬的，董事长就找一个比较没事干的。

《易经》整个的学问，就在那条太极线上。你不可以把老板的话直接去跟员工讲，也不可以把员工跟你讲的话直接去跟老板讲，那都是没有尽到责任。人要学会变通，稍微转换一下，都没事了。中国人最厉害的就是整个脑袋弯弯曲曲。

所以，现在你学的那一套其实都在害你，直来直往通通不对，**做人最不能的就是有话实说、有话直说**。彻底坦白地讲，有话直说、有话实说就是目中无人。否则，你是不敢有话直说的。整个《易经》都在讲阴阳，阴阳就是数，数就是阴阳，而阴阳是变动的，所以数不是固定的。

还有一个时，它的变化也非常重要。其实，什么时候吃什么东西都是有讲究的。吃食物要吃当时的，当地的，是什么道理？首先要知道，我们吃植物只是吃那个气而已。我希望大家去想想，植物为什么会有气。因为植物不是动物，动物可以跑来跑去，植物只能待在某个地方，根本没有办法移动，所以植物就要有特别的气发散出来，才能招蜂引蝶，进而有办法繁衍后代、生生不息。

比如，以前我们削甘蔗的时候，苍蝇、蜜蜂什么的都会飞来，那才说明是安全的。现在我们削甘蔗的时候，没有苍蝇也没有蜜蜂，你就知道这个甘蔗是不能吃的，因为农药太多。蜜蜂、苍蝇都不敢吃，人还在吃，真是奇怪。可是，我们偏偏认为没有苍蝇才是好的，其实完全错了。没有苍蝇、蜜蜂也会是人类毁灭的一个主要原因。道理很简单，没有蜜蜂，你的农作物一定完蛋。所以，看农作物行不行，就看有没有蜜蜂就好了。蜜蜂大量减少，说明你的农作物非常有问题。

位，就是命。从现在开始，大家要记住，《易经》告诉我们的位、数、时，这三个就决定你的一生。一个人生逢其时，那就不一样了。很多父母喜欢孩子在龙年出生，其实龙年出生的人很辛苦，因为那一年出生的人最多，考试、报名、就业等等最难。那不是很倒霉吗？所以，很多人喜欢凑这样的热闹，我觉得很奇怪。

凡事都要好好地去斟酌斟酌，但最要紧的还是修己。要改变外在的一切，唯一的办法就是修己。前面我们已经讲过了，命是可以改的，但是所能改的很有限，而且还要自己去改，别人无法替代。凡是有人告诉你，可以替你改命的，都是骗人的，千万不要上当。

那么怎么改呢？从心开始。心一改，相就改了；相一改，命就改了。人所有的东西都写在脸上，但是就算你照镜子，也看不懂问题在哪里。以后照镜子不要只看自己长得好不好看，头发漂不漂亮，而是要看脸部中间对称的那条线直不直。一看鼻子是歪的，你就知道心也是歪的。因为心要歪，鼻子先歪。大家如果不信可以自己照镜子看看，可能连你的舌头伸出来都是歪的。人的舌头伸出来，不是向这边歪就是向那边歪，直直地伸出来很难，大家不要以为那个很容易。

人，走正道最要紧，但走正道是很辛苦的。可是，不辛苦怎么知道那叫正道呢？很多人跟我讲做君子很委屈，我说当然了，老天看你委屈，才知道你是君子，如果连一点儿委屈都承受不了，那就是小人一个。同样弯弯曲曲，一种是投机取巧，一种是随机应变。**做人只可以随机应变，绝对不能投机取巧**，但是偏偏随机应变跟投机取巧长得一模一样，实在很难区分。所以大家都有这样的认识，我做的都叫随机应变，别人做的通通是投机取巧。比如，要是你的家人被判刑了，你一定说司法不公，但如果是你的邻居被判刑了，你却说很公正，早就应该这样了。当然，大家不要认为这个是不好的，没有什么好不好。

我想提醒大家一句，现在很遗憾的是，我们认为对的，结果都是错的；我们认为错的，反而是对的。当然，这也没有关系，但是现在时到了，我们要把它扳回来。近四百年来，西方主导世界，才搞成这个样子，工业化把环境破坏掉，商业化把社会破坏掉，如果照这样走下去，人类是会毁灭的，所以我们要把普世价值整个改变过来。也许大家会认为很难，其实时间到了，形势有利是很容易的。天下的改变是一二人而已，不难的，大家要有信心。

第一爻是初，第六爻是上，为什么？因为刚开始的时候时比较重要，到最后的时候位比较重要。就像一个孩子刚生下来的时候，当然时辰比较重要。生下来以后就是性别比较重要，因为男女有别。一个男的升了科长跟一个女的升了科长就是不一样。所以，如果一个公司里面冒出一位女性经理来，大家会说这家公司有希望，因为它有那个度量让女性出头。

21世纪又要恢复为女性的世纪，因为时一直在变，所以做男的不要高兴。现在，我们可以很明显地发现，在学校里面，女生的成绩经常比男生好。在社会上，女性主管的数目大量增加，而且连很多国家的领导人，都是女性。可见，如果男的再不争气的话，后果实在堪忧。其实，我在交大教书的时候，很多女同学就跟我说，拜托你鼓励一下男生，不然我们以后都找不到对象了。

讲到这里，我们会了解到，时不断在变，时一变，你的位置就要跟着变，因为位是跟着时来的。然后你该往哪个方向去改变，就是你的数要调整，阴的要变阳，阳的要变阴，不管哪个变，整个卦都改变了。

四　人生就是凭实力抓机会占地盘

- 人生是什么？凭实力、抓机会、占地盘，这三点就够了。
- 相信到差不多就好了，如果再要相信下去，就变成迷信了。
- 有一好必有一坏，阴阳始终同时存在。
- 人生不要求全。但是如果一定要求全，下面就要加上两个字，叫委屈。委屈才能求全。
- 所谓做人，就是占地盘的一种活动。
- 自己安排自己的未来，因为那都是我们自己可以做主的。到底是要吃苦还是要享受，自己去决定。

位虚爻实占据地盘

位是虚的，空有那个位置是没有用的。爻才是实的，阴就是阴，阳就是阳。可见，固然虚位以待，但是要占到地盘才算数，否则只有那个位置，看得到、吃不到，也等于零。

所谓做人，就是占地盘的一种活动。你占到什么地盘，就要踏踏实实地去把它耕耘好。比如夫妻两个人一起回家，是男的去开门还是女的去开门？如果女的去开门，那就有一点儿奇怪了，万一有小偷或是强盗躲在里面，该怎么办？再说得清楚一些，三更半夜，有人来敲门，是谁去应这个门？做丈夫的会不会让太太去？就算太太说她去，作为丈夫也应该说你不要去，我来！这才有男子汉大丈夫的气概。这就是男女有别。所以，进门的时候，一定是男人拿着钥匙去开，然后打开门说，没有事，很安全，你可以进来。

不过，讲到这里，我要请问大家，为什么女的寿命长，男的寿命短？大家听完以后或许会改变自己的生活。就是常常做家事的人寿命比较长，因为做家事能疏解压力。想想看，你做家事的时候敢不敢脾气暴躁？不敢，否则碗都被你洗破了。要慢慢来、慢慢来，你的心情也就随之缓和了。

其实中国人，尤其是我们闽南人，是最会生活的。比如，油条就是我们很早以前发明的。怎么发明的呢？你在外面跟老板处不好，受了气，回来就一边擀面一边说死老板、死老板，然后把它炸了，看看香不香，香，整个都吞下去，什么气都没有了。现在，这个风俗河南还有保留，他们改了个名字叫油炸果（油炸鬼），实在非常妙。

我们要知道，男女怎么相处要看乾坤两卦。天从来不做事，地从来不抱怨。为什么月球不能住人，而地球可以住人？就是地球有那一片天，月球没有。只要没有那片天，地什么东西都长不起来。夫妻相处之道，好好参悟乾坤两卦，马上就通了。

个个有机会，人人没把握。位置都帮你准备好了，至于要怎么摆，通通听你的，只不过最后你要自作自受罢了。所以，在摆的时候，每个人都要小心谨慎。人生也可以比作两杯酒，一杯苦酒，一杯甜酒。你会怎么喝？有的人说，我最喜欢喝甜酒，最不喜欢喝苦酒。然后前半辈子甜酒咕噜咕噜喝完，后半辈子越来越辛苦。

这样的例子太多了。很多人从小就得到父母的疼爱，家里日子又过得很好，但是十六岁的时候，爸爸先走了，十八岁的时候，妈妈又走了，从此孤苦伶仃。因为他只剩下满杯苦酒，不得不一直喝到死。可是，有的人先喝苦酒，最后只有甜的。还有的人说要吃苦，但是只喝半口苦酒，就赶快去喝甜的，其实这样永远不知道是苦还是甜。记住，自己安排自己的未来，因为那都是我们自己可以做主的。到底是要吃苦还是要享受，自己去决定。

读了《易经》以后，大家会明白，就算自己有那个福气，也要留下来，而不是全部享受。否则过分享受，下辈子就要一直去还，更加划不来。那这些事情到底是对的还是错的，是真的还是假的？不要置评，你自己认为是怎样的就是怎样的。孔子用的这个字最好了,叫作"如"。他说,"祭神如神在",好像真的有,也好像真的没有,究竟是有还是无,由你自己决定。你认为是这样就是这样,你认为没有那种事就是没有,这跟别人没有关系,都由你自己选择。

《易经》告诉我们,相信到差不多就好了,如果再要相信下去,就变成迷信了。对任何事情迷信到差不多,就不会迷,就不会上当,这就叫作适可而止。我们中国人对事情,都是慢慢去尝试、慢慢去了解,一次一次加深,而不是一下子马上相信。

实际上,生死是老天在决定,不是人在决定,但是其他的都是人在决定。所以,科技不能介入人的生死,而偏偏现代科技已经开始在介入了。不久的将来大家会发现,基因改造是人类最大的笑话。现在我们搞得很多东西都不敢吃了,一个西瓜长得巨大,你敢吃吗?记住,凡是不自然的东西都要特别小心。什么东西会长成什么样子,都是有道理的。我常常跟很多人讲,你这辈子长成那样子,就是为了配合你要做的事情,要修的功课。如果你去整容什么的,到最后就不知道这辈子要干什么,而且老天看到你也不记得了,那不是白忙了?像这些事情,其实都是没有必要的。人不管长成什么样,都要慢慢接受自己,而且还要让别人接受,你就完成这辈子的任务了。如果你到庙里面去看,会发现五百罗汉一个比一个长得奇怪,就是在告诉世人,成佛没有固定的长相,任何长相都可以成佛。可见,老天会给每个人很多机会,问题是我们自己怎么去把握,这才比较重要。

人生无常卦由己造

人生是什么？凭实力、抓机会、占地盘，这三点就够了。最要紧的是把自己的实力培养起来，实力不是学历，学历是没有用的，实力才有用。一个人有了实力还要有锐利的眼光，同样的机会，别人没看到，而你会看到。千万记住，当机会很显著、大家都看得到的时候，那就已经不算机会了，已经没有用了。当它刚开始有征兆，大家还看不清楚的时候，你就看出来了，说明你有先知的能力，这就不得了了。就像看股票，你到了收场的时候才知道哪支涨哪支跌，完全没有用。如果一早就知道这两支稳涨，你今天就赚了。问题是你看它涨，它却跌；你看它跌，它却涨了，老跟你过不去。

卦是人造的，**人生就是看你怎么去造自己的卦**。卦造出来还会变，叫变卦。中国人经常讲，你看你又变卦了，就是这个意思。**造的卦叫本卦，变的卦叫作化，所以叫作造化**。造了以后还会化，因此我们才说人要看自己的造化。

比如现在的婚前检查，我不知道有没有用。两个人恋爱成熟要结婚了，然后去检查身体。假定检查出男的有癌症，女的会怎么办？如果说我们到此再见，那这算什么呢？如果说就算这样也一定要嫁给他，那去检查干什么呢？大家自己去想好了。

再比如现在的亲子鉴定，你要不要去查？我告诉大家，查出来的结果很多都不是自己亲生的，而且比例相当高。这不是无缘无故找麻烦吗？中国人常讲，"既来之，则安之"，他既然来了，也姓你的姓，就算了，不要想那么多了。可是，这个孩子生下来，不像爸爸也不像妈妈，带回去也不像祖父母，但是却像隔壁那个人，怎么办呢？作为先生，你就开始选择了，去检查DNA。检查以后，证明是你自己的。但是夫妻之间的这道破痕会永远存在。太太会觉得，你连这个都不相信我，其他还有什么好说的？这些不信任一辈子无法弥补。可是不去做检查，先生整天疑神疑鬼，也很难过。这些都是人生的问题，其实最要紧的是你的心态要调整。人生，一切都是心态的问题。

我们学《易经》要记住，当走错路的时候，不要怨天尤人。走错了兜了个大圈子回来，大家就在看你有没有抱怨，有没有骂人。其实，如果没有选择错误，我们永远不知道那一条路是什么样子。再说，走错了又有什么关系，再回来就是了，干吗急那五分钟？人是要有这个度量的。好有好的一面，坏也有坏的一面，对我们来说都是很难得的经验。

我最能够理解恩生于害，而害生于恩。尤其人到五十岁以后会发现，以前认为天天在找你麻烦的人，却是对你最好的；天天嘴上说好想你，对你样样都好的人，其实多半都在害你。家里的人也是这样子。

如果爸爸总是要跟孩子做朋友，这个爸爸就是在害孩子。害什么？害他一辈子没有爸爸，只有一个年纪大的朋友。所以现在很多人说我要做我孩子的朋友，我都会说你的孩子真可怜，因为他没有爸爸了。多了一个年纪大的朋友有什么用？而且朋友是可以换的，哪一天儿子说你这个朋友我不要了，我想换一个年轻的，那不糟糕了？爸爸就是爸爸，不是朋友。那些所谓爸爸要做子女朋友的论调，都是赶时髦且一知半解的。你觉得很新潮，其实却在害自己、害孩子。任何东西如果没有经过时间的考验，大家最好不要去相信。

一家新开的牛肉面馆，我大概不会去吃。我要看它一年之后还在不在，如果还在我就去吃。不到三个月就倒闭了，去凑什么热闹呢？任何没有经过时间考验的东西，大家都要小心，等到时间考验过了，我们再去尝试一下，然后慢慢增加信任度，才不会受伤。像这些，都是《易经》告诉我们的道理。

这里还有一个很重要的观念，就是数，也就是几率。所有东西都是这么简单的阴阳变化，但为什么会变化无穷？因为几率不一样。好比你早一年出生，正好赶上那一年考大学很容易，毕业后找工作很容易。如果你晚一年出生，整个社会萧条，你寄出一百份求职信可能也没有回应。差距一年，完全不一样。有人说这个是迷信，其实不是迷信，而是现实问题。早一年机会很多，晚一年就是不行。进错行业很糟糕，可是你又有多大的本事去做选择？这个就叫作几率，又叫作数。可见，人不是完全可以自己决定的。

我们已经讲过了，人生画一个卦就挂掉了，但是千万记住，卦是自己造的，完全由自己在决定。不要好高骛远，但是也不要自暴自弃。一个人要了解自己是非常困难的，因此才要谨慎小心。儒家称之为"慎独"，一般人解释为单独一个人时要特别慎重，其实不是这样的。难道人多的时候就可以不慎重？慎独是说个人走个人的路，每一个人都有自己的特色，不要跟别人学，无法学也学不来。

英文就叫作"be yourself"，做你自己。人生是来做你自己的，不是来学别人的。我们学孔子，只是学他的思想，不是去学他受尽苦难，那是不必学的。我们是拿人家做参考，来修养自己。大家有没有发现，对于中国人来说，任何事情都是做参考用的，尤其是交通规则。西方的交通规则是非常严格的，中国都是做参考而已。好不好？答案还是很难讲。

我在交大教书的时候，校长是从加拿大请回来的国际闻名的计算机专家，因为那时候学校想发展计算机，特意把他请回来。而且为了礼遇他，就请他住在台北，然后用车接他到新竹授课。司机一开车，他就说："你这样开车太危险了，我不敢坐你的车。"然后自己来开车，结果变成司机跟他讲："校长，你这样开车太危险了，你不要命了？"因为他比司机冲得还厉害。校长怎么回答？他说："不这样开，永远到不了新竹。"这就是现实问题。你在国外开车可以保持安全距离，在中国怎么保持？只要你拉开一点儿，别人就挤进来了，你又拉开一点儿，又有人挤进来了，那你怎么开？

外国人开车很简单，他只要打转向灯，你就知道他要往哪边拐了，你只要减速让他过来就可以了。很多外国人跟我讲，在中国完全不一样，只要你一打转向灯，后面拼命按喇叭。你问他难道不知道我要左拐，他说我怎么不知道，你的转向灯我都看到了，但就是不让你过来。你走你的路，我走我的路，过来干什么？外国人要转弯的时候，都保持安全距离，让他拐过去；中国人看到你要转弯就逼得很紧，问你这种技术还敢出来开车。都是这样的。

我刚学开车的时候也碰到这样的情况，大卡车停在那里，因为我是学《易经》的，就下车说："拜托，我昨天才拿了驾照而已，你技术好,替我开过去。"他乖乖地下来帮我,然后还告诉我要认真一点儿,我说好好好。你要学会以毒攻毒,跟他生气有什么用?他喜欢炫耀,你就让他炫耀,这都是《易经》的道理。

这些事情看起来乱七八糟,其实中国人的一切用四个字就讲清楚了:乱中有序。外国人都说我们的交通很乱,其实我们一点儿不乱,因为被车轧死的都是外国人,中国人很少被轧死,这非常有意思。

从现在开始,大家要把自己的标准调整过来,不要认为你现在的都是对的。因为这个时代变化得非常快。大家能够想象美国会下降成这个样子吗?很难。美国最近也一直在反省他们为什么会变成这个样子,他们反省的结果大家也可以做参考。第一,就是电视把他们搞成这个样子。我觉得美国人是很认真的,可是当电视侵入家庭的时候,整个家庭教育都被破坏掉了。你不看电视,觉得社会很好;一看电视,会觉得怎么那么乱。其实都是电视中乱,实际有什么乱的?第二,爱的教育是很可怕的。他们现在已经开始在调整,如果我们还在一直走以前的路,是会很吃亏的。

适才适用适位适人

《易经》六画卦，其实是三画卦重叠起来的，它告诉我们要适才适用，适位适人。千万记住，当你处在不同位置的时候，就要开始调整自己了，否则会吃大亏。

请问，当你当到总经理的时候，看到部属的公文有错字，你要不要改？答案是，千万不要改。如果你改了，首先，你的部属会没有面子；其次，底下的人知道反正总经理自己会仔细看，马虎一点儿也无所谓。这样你会累死。所以，凡是总经理在49岁那一年死掉的，就是看公文的时候常常改里面的错字，这就是自己找麻烦。可若是当科长，就非改不可了，否则上面会骂你。

当总经理，看公文的时候，你的部属写"的"的地方，你就给他改成"之"，他以为你喜欢"之"，就写"之"，你又改成"的"。为什么这样？因为你是改给他看的。如果通通没有改，他会认为你没认真看，不负责。"的"改"之"说明你看了，而其他的都很好，你还改什么？所以有些当科长的人经常跟我抱怨，我们总经理专门找我麻烦，"的"改"之"，我以为他喜欢"之"，就写"之"，结果他又改成"的"。我说那是给你面子，表示你写得非常好，不用改。每一个阶层有每一个阶层不同的做法，我们要站在他的立场去了解，不要用自己的角度去批评他。

《易经》六个爻可以代表人生的六个阶段（图4-1），它告诉我们，"初难知"。就是说一切事情刚开始的时候，后果会怎么样是料不到的，所以不要小看年轻人。一个年轻人将来有什么发展，真的不知道，你看他现在没什么，十年以后可能变成你的直属长官，你就惨了。然后各种后悔，早知道那时候多请他喝几杯咖啡。

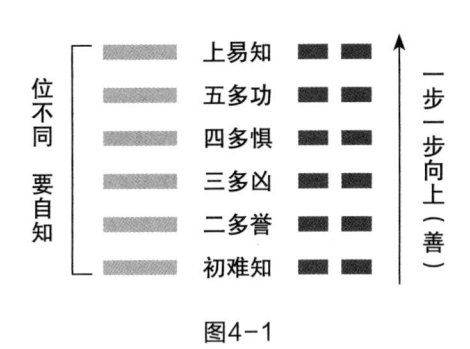

```
         ┌──  ▬▬▬▬  上易知  ■■ ■■   ↑
         │    ▬▬▬▬  五多功  ■■ ■■   一
     位   │    ▬▬▬▬  四多惧  ■■ ■■   步
     不   │                          一
     同   │                          步
         │    ▬▬▬▬  三多凶  ■■ ■■   向
     要   │                          上
     自   │    ▬▬▬▬  二多誉  ■■ ■■  （
     知   │                          善
         └──  ▬▬▬▬  初难知  ■■ ■■   ）
```

图4-1

可是一个人到了七老八十，那就一目了然了。一个人的职位越高，他所有事情都非常透明，大家都很清楚。这就叫作"上易知"。我们不太会去在意一个年轻人，也看不透他将来的变化，但是当一个人的位置慢慢高起来以后，所有人看他都很清楚。一个做官的为了让儿子结婚体面，结果搞得连自己的职位都保不住，就是没有搞懂"上易知"。别人怎么做是别人的事情，你就是不能做。因为你太明显了，一动别人就知道了。可见，职位越高，名声越大，越不能动，否则天下皆知，那就很麻烦。

"二多誉，五多功"，告诉我们什么道理？如果当到总经理，会听尽好话，但你一句话都不要相信，因为多半是假的。如果你认为是真的，会被害死。"五多功"，所有人的功劳都会归给你。中国人不会自己去抢功劳，所有经理以下的人都知道，跟经理抢功劳，绝对抢不过。这样大家才知道，我们中国人开会做报告的时候，都说这件事情是总经理明智的指导，其实他完全不知道，但你要说他是知道的。你将功劳归给他，没有事；你想争功劳，他马上就给你抢掉，你永远抢不过他。

"二多誉"，大家不要认为是真的。请问大家：如果你是总经理，会不会赞美经理？你敢赞美他吗？不敢。所以，经理很难听到总经理公开赞美他。如果你当总经理，去赞美经理，哪怕一次两次，你就糟糕了。将来开董事会，大家觉得你这个总经理做不好，既然那个经理口碑不错，就把他升上来好了，你后悔都来不及了。所以，经理再好，总经理也不会说他好。当人家说他好的时候，你会说是很好，不过还是有点儿不那个，当然也不要具体说什么。言外之意，就是说你不要考虑用他来取代我。

"三多凶，四多惧"，中间的干部最难当。你说话，老板就说你不说我也知道；你不说话，老板就说你不说话我怎么知道。他就是这样一天到晚磨你，你能有什么办法？所以，作为干部要认分。认分就是说既然我在这个位置，就应该受这个磨难，磨到有一天升上去，那就很愉快了。如果在这个位置没有受磨难，那升上去是很危险的，因为你不知道怎么运作。

一步一步向上，还要加一句话，走到哪里算哪里，不要勉强。如果一个人当到工厂主任，大家对他很好，上面对他也很好，在这里过一辈子也没有什么不好，干吗一定要勉强爬上去呢？你当工厂主任，到点就下班了，一旦升上去，别人下班了，你还是不能。这样看，你就知道到底谁辛苦了。你这个位置是最愉快的，回家还可以看电视，不用随时注意手机，不用全年不能关机。升上去了呢？

看电视，脑筋都在想别的事情，怎么能专心看电视？可是这样讲的话，是不是我们就要一直待在这个位置？也不见得，该上去就不要推辞，有困难就不必勉强。"适可而止"那个"可"很难，要每个人自己去拿捏。**做人不积极也不消极，这就叫作平常心**。能做多少算多少，但是一定要问心无愧。天下事，你看它是好的它就是好的，你看它是坏的它就是坏的，一切都是你的心态在决定。

心有阴阳持正在己

人要跟自己比，不要跟别人比。只要自己天天有进步就好了，跟别人比那叫作人比人气死人，是没有好结果的。我们已经讲过了，慎独就是你要做你自己，不要去学任何人，没有必要。比如哥哥跟弟弟两个人也经常互相不服气，弟弟首先抱怨的就是怎么老穿哥哥的旧衣服。请问大家，如果你家有钱，会不会把哥哥的衣服通通送给别人，弟弟全买新的？这样弟弟也不开心，说哥哥穿过的衣服都不让我穿一下，我最喜欢那一件，你偏偏拿去送人了。

中国人就是这么矛盾，老板把工作给你做，你气得要命：怎么专找我麻烦？老板把工作给别人做，你也很生气：为什么不给我做？认为我不会做吗？我们永远是这样的。每个人心中有阴就有阳，永远在那里摇摆不定。太太对你好，你觉得对我这么好干什么，能不能让我轻松一点儿？太太不理你，你又会觉得浑身不舒服。孩子也是这样，如果爸爸学问做得很好，他会觉得自己惨了，这辈子赶不上爸爸了，早知道就不选他了。爸爸学问做得不好，他又哀叹，我实在是命不好，没有一个有能力的爸爸可以帮我。千万记住，有一好必有一坏，阴阳始终同时存在。

人生是不可能整全的。乾隆皇帝说自己是十全老人，做到了吗？没有。他死了以后被盗墓，尸体都不全。实际上，乾隆皇帝临死的时候也不是很愉快。记住，人生不要求全。但是如果一定要求全，下面就要加上两个字，叫委屈。委屈才能求全。一个人如果禁不起委屈，那就不要求全，这样才能得其平。不会好的都在你这里，坏的都在别人那里。风水是轮流转的，当转到别人的时候，你应该很轻松，因为可以喘一口气，将来风水再转到你这里的时候，才能够有余力把它撑起来。有人说，我不能错过任何一次机会，其实真的没有必要。我再说一遍，当你感觉到自己很倒霉的时候，也许过十年之后，会发现那是在救你的命。如果有这种觉悟的话，你就通透了。

读《易经》，还有两个词语大家也很疑惑，就是用九跟用六。为什么用九、用六？因为九代表老阳，六代表老阴，少阴、少阳不会变，老阴、老阳随时会变。可见，当用九、用六的时候，就是告诉我们，随时阳会变阴，阴会变阳，而且一瞬间就变了。天有不测风云，人有旦夕祸福，这是不易的定律，谁都逃不过。一个人最好先做好自我定位，再决定用九或者用六。换句话说，一个人该做领导，还是该被领导，要自己去选择。**最可怕就是既不能令又不受命，你不服从人家，而自己又拿不定主意，这是最要命的**。所以，你要当老板就好好地当老板，不要推卸责任；你不当老板就不要当老板，好好去配合人家就行了。

我讲一个故事给大家做参考。中国台湾最早一批到英国去发展的公司中，有一家叫大同公司。大同公司派了很多干部到英国，那些干部后来都自己当了老板。我到英国去的时候，这些大同公司出来当老板的人就请我吃饭，我说："你们怎么这么喜欢当老板？出来一个一个都变成了老板。"他们说："我们哪里喜欢当老板，是不得已的。"我说:"那你们现在有什么感觉?"他们说:"说起来很惭愧,我们几个人会出来当老板,就是看到我们的老板这样不对那样不对,所以立志一定当一个跟他不一样的老板,结果当了老板之后却都跟他一样。"

我觉得这个大家真的要想一想。你不是老板,所以不可能那样;只要是老板,就非那样不可。因为老板有老板的责任,不能到时候发不出薪水就跑路。当老板的,一定有很多事情,是干部不需要承担,而老板却都要承担的,结果就只好是那个样子。

我接着问:"那你现在有没有后悔?"他说:"其实也没有,以前不了解老板,现在总算了解了。"我说:"那要不要改变?"他说:"怎么改变?只好这样走下去了。"我说:"那你们再碰到旧老板怎么办?"他说:"我会给他好好鞠一躬,说幸亏当年老板教了我这么多。"我们中国人的思想就是这样,变来变去。

希望大家清楚一点,只有爸爸了解儿子,儿子永远不了解爸爸。知子莫若父,没有知父莫若子的。我爸爸大我二十岁,就算我再怎么努力,他永远大我二十岁。那个记忆体是固定的,他大我的那二十年经验,我完全没有。有时候想想,我也很难过,因为爸爸到晚年的时候,我总觉得他变了。现在我才知道,人到那个时候自然是会变的,处于不同的年龄阶段,自然会有很多不一样。那时候我还年轻,总觉得为什么要这样。现在才知道,连我也是这样。

人越老越会觉得一家人和和气气最要紧,不要讲什么是非,也没有什么是非,因为家里不是讲道理的地方。年轻人就是要讲道理,跟老年人的想法完全不一样。人到什么年龄,就有什么想法。如果你没有到那个年龄,就不要去批评长辈、评论长辈。对此,我深有体会。

儿子一辈子不了解爸爸，等到了解的时候，他会很脸红，很难过。我爸爸往生的时候，是我给他洗身体、换衣服的，当时我就很后悔，为什么不早几年就替爸爸洗澡，到最后才来给他洗。真是很遗憾。如果大家有机会，给你的爸爸妈妈洗洗脚，你的感觉会不一样，你会觉得做人还很有价值，终于在父母有生之年给他洗过脚，这是非常难得的经验。不要等到最后一次，洗了便没有了。

但是给过世的人换衣服是不容易的，因为人到了那个时候，身体会开始变硬。我当时也是无意间说，"爸爸，我要给你穿衣服，你的手软一点儿"，他就软了，就穿进去了。大家有机会可以去试。其实，人往生的时候脑筋还很清醒，这就是为什么我们说如果你一生都不觉悟，等到最后会非常痛苦。所以，趁手脚还能动的时候，好好调整自己的观念，不要等到全身都硬邦邦的时候，再想要调整，那时候就真的很难了。

讲到这里，我们就慢慢有了一个观念，就是《易经》包含了古今未来所有的学问。而且把所有的学问用一句话来归纳，只有《易经》做得到。不管中外，不管现在，不管未来，不管什么科目，一句话就讲清楚了，叫作"一阴一阳之谓道"。所以，我们下面就来讲，什么叫作"一阴一阳之谓道"。

五 《易经》的精髓在阴阳之道

- 如果气由上往下走，人类大概也活不了。
- 阴阳要平衡，但是阴阳不可以平衡。
- 人生的努力不过是在明白此生的定数是什么。
- 要顺天，而且逆数，才叫一阴一阳之谓道。
- 任何科学发展，如果违反自然的循环规律，将来一定是大祸害。
- 如果没有变化，就不可能进步。
- 凡事都有反正两面，你站在这一面，他站在那一面，所看到的结果是不一样的。

一切演化不离阴阳

如果要用一句话把人类古今中外，过去、现在、未来所有的学问通通归纳起来，这对西方人来说几乎是不可能的。但是，《易经》提出一句话，却可以包含所有的学问，这句话就是"一阴一阳之谓道"。

什么叫作"一阴一阳之谓道"？首先就是告诉我们宇宙只有一个总根源。宇宙如果有两个根源的话，一定会分裂，所以它一定始于"一"。这样大家才知道，为什么一那么重要。一里面就含有二，否则的话，它不可能变成二。一之所以会变成二，是因为一里面本来就有二。比如我们人体，你是男的，可是也有女性荷尔蒙；你是女的，照样有男性荷尔蒙。所以没有男人百分百的说法。你今天说男人百分百，小心晚上就变成女人了，因为物极必反。

当天气最冷的时候，地底下已经开始热了。如果所有冷的东西都跑到地面上来，而热的东西都跑到地底下去，其实是很危险的，因为火山就要爆发了。可见，所有的事情都可以来推理，因为它们都有一定的自然规律。

一切从一开始，可是这个一里面是含有二的，所以叫太极。太极里面有阴也有阳，所以它一分，就变成阳和阴。（图5-1）天下事情都是一分为二，然后二要能够合为一。如果二不能合为一，整个就分裂掉了。

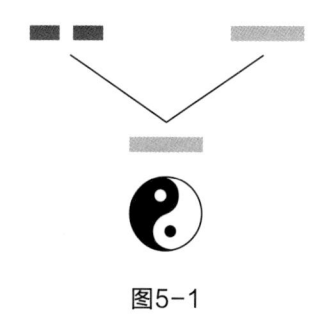

图5-1

假设男人纯粹只有男性荷尔蒙，女人纯粹只有女性荷尔蒙，那么以后人类就变成两个极端了，一个完全是男性的，一个完全是女性的。其实大家看我们生活中很容易理解，儿子多半像妈妈，女儿多半像爸爸，自然规律这样把男女拉扯在一起，就不会男的越来越阳刚，女的越来越阴柔。

男人很刚，但是里面也有柔的那一面，所以男人看似脾气坏，其实心肠比较软。女人很柔，但是也有一句话，叫作天下最毒妇人心。女人不狠则已，一狠起来谁拿她都没办法。老天给女性无比的刚强，就是当她们受到迫害的时候，最后的力气使出来，连男人都挡不住。无毒不丈夫，最毒妇人心，这两句话就是一阴一阳之谓道。

大家看懂下面这张图（图5-2），就清楚一切的演化了。太极分出阴和阳，阴一定会跟阳互动，阳也一定会跟阴互动，然后就变成了四象。所以叫作太极生两仪，两仪生四象。大家可以看到，一分为二，一定有阳有阴，不可能阴阳分开。阴里面会有阳的部分，阳里面会有阴的部分，照这个方式继续演化下去，八卦就完成了。这完全是数学上的排列组合，八卦是二的三次方，四象是二的平方，两仪是二的一次方，太极是二的零次方。所有的数学都是从这里演化出来的。

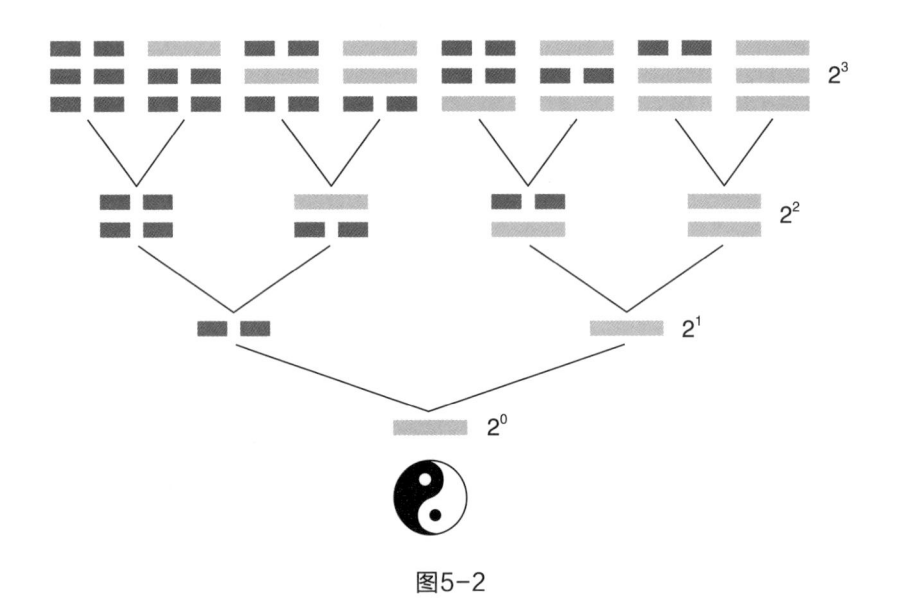

图5-2

首先我们要清楚它的来源，大家有没有发现，一切一切的变化都是从水平线开始，这是什么道理？大家想象一下，最古老的人类，那时候没有文字，只有音，而且还不一定成话，那么他们所讲的第一句话是什么？这第一句话，就是"你在哪里"。为什么人类对"你在哪里"那么关心呢？因为当人站立起来以后，就知道野草比自己还高，人没有办法单独成事，一定要合力才有办法战胜野兽，生存下去。可是野草比人还高，你看不到我，我看到你，所以第一句话一定是问"你在哪里"，然后对方答"我在这里"。因此才会一画开天，分阳分阴。"你在哪里？""我在阳间，还没有死。""你在哪里？""我归阴了，走了。"这就是分阴分阳。

我们可以先来看看西方人是怎么画四象的。他们也画四象，不是不画。大家看下图（图5-3）。我在水平线以上，你在水平线以下，然后再画一条线就变成了四象。这个大家就清楚了，右上角叫a的平方，左下角叫b的平方，左上角叫ab，右下角也叫ab，所以$(a+b)^2=a^2+2ab+b^2$。可见，《易经》就是数学。

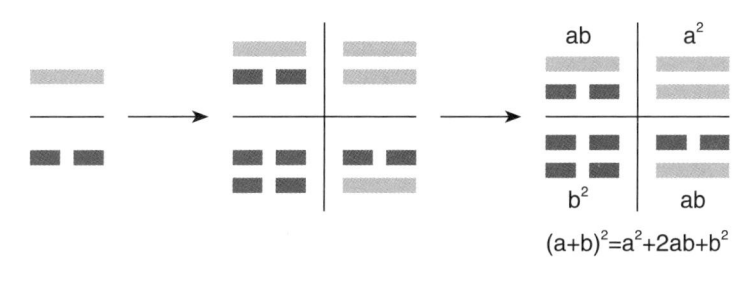

图5-3

只不过西方人把它变成这样子以后，就整个稳定下来，不再变化了。有一句话，叫作太稳定的东西，是不会产生变化的。如果没有变化，就不可能进步，所以西方的数学发展到这里，就慢慢变成很固定的东西，就不活了。可是《易经》没有，它是一直发展下去的，因为整个都是气的变化，气由下往上走。记住，如果气由上往下走，人类大概也活不了。我们能够活，就是因为地气往上走，走到上面越来越冷的时候，就变成雾，然后变成水，水又掉下来，有了雨，进而我们才有水可以用。这是一个天地之间的循环，是自然规律。任何科学发展，如果违反自然的循环规律，将来一定是大祸害，可是我们现在做了太多让它没办法循环的事情。人类违反《易经》的道理，所造成的后果，四个字就讲清楚了，叫作遗害子孙。

阳不离阴阴不离阳

阴阳的变化，是非常稳定的，所以我们又发展到三，就是让它不稳定。我下面讲的这句话很重要：阴阳要平衡，但是阴阳不可以平衡。大家要慢慢去接受这样的话。如果你只接受"一定"，那就完了，因为天底下的事情只要一定下来，就不会变化了，不会变化就无法生生不息。比如，人体每天在变化，所以一个人阳太盛的时候，要把它泄一泄；阳太虚的时候，要把它补一补。而且每一个人都不可以吃固定的东西。西方人是把每个人都当作平均人来看，叫作average（平均），所以西方人给病人吃药，每个人的剂量是一样的。这是不对的。我的维他命B特别少，我就要补维他命B；你的维他命B已经够了，如果你再补，那就糟糕了。西方人都是用固定剂量，每天一颗，这是很麻烦的事情。

为什么中医大夫诊脉开药，会这个多一点儿，那个少一点儿，每一个人都不一样，就是因为不同的人体内所需要的是不一样的。天底下没有两个人是完全相同的，没有两个公司是一模一样的，谁也学不了谁，要每个人自己去调整，自己去拿捏。捏就是节的意思。每一个人都要节制，不要说别人有，我一定要有，没有必要。因为他需要的，你不一定需要；你需要的，他也不一定需要，不能把每个人看成一模一样。现在教育的糟糕之处，就是把每个人都教成一模一样，这是不对的。

四象，可以代表一天当中，从早晨到中午到下午再到晚上的整个过程。早上是少阳（☳），一大早，太阳出来了，可是地面上还是冷的，因为昨天晚上的冷气到现在还存在，虽然太阳出来了，但是它的热度还没有到达地上，所以早上要加件衣服。中午就是老阳（☰），那时候上面下面都热，当然要脱掉衣服。下午是少阴（☶），地还是热的，但是上面已经冷了。半夜就是老阴（☷），那是一天中最冷的时候。关于以上这些，大家随时可以去验证，春夏秋冬，虽有长有短，但是它的次序是一定的。

四象再变，就成了八卦。其实八卦是很容易记的。天是"☰"，你叫那些不会画画的小孩子，说画一画天，他很自然地就画成这样，天是从来不断的，全世界就这么一个天，所以只有天包括地，没有地包括天的。古人讲天圆地方，其实是有道理的。现在我们一定要解释成这样那样，其实没有必要，因为本来就是天圆地方。比如，我们都讲"你是哪个地方的"，从来没有说"你是哪个地圆的"。天包括地，大家到草原上去看看就非常清楚了。

地是"☷"，它是会断的。为什么要三个？因为地是一层一层的，天也是一层一层，所有东西都是一层一层的，不是只有一层。八卦中，天地是父母，其余的都是天地生出来的子女。所以《易经》告诉我们，人群社会最小的单位是家庭，不是个人，就是因为它本来就是按照一个家庭来计算的。

《易经》就是一个家庭，有父母，有子女。这样大家才知道，我们为什么都叫天父。其实要记住，当你叫天父的时候，已经把地母包括在内。大家去扫墓的时候，有没有看到都有一个"后土"，以后当你看到"后土"的时候，就知道有"皇天"。因为地上可以放东西，所以你可以用一个石牌刻个后土，但是天上没有地方可以挂皇天。可见，有时候我们用地来包括天，有时候用天来包括地，这就是一阴一阳，是分不开的。

中国人讲男就包括女在里面，讲女也包括男在里面。我们不像西方，讲"he（他）"马上有人抗议，要"she（她）"，所以他们要说"he or she（他或她）"，搞得很麻烦。很多人读书没有读通，反而认为中国人重男轻女。其实中国人讲男的时候，一定包括女在内；讲女的时候，一定包括男在内，所以讲"先生"不一定限于男性，对女士也可以称"先生"。但是讲女士，我们就比较不会来包括先生，这是因为后来慢慢有了分的观念。实际上，天底下一切都是合的，但是人类偏偏要分，分到最后支离破碎，弄得我们整个脑筋都要乱掉了。

闽南有一句话，叫作合字难写。合字很简单，就这么几个笔画而已，但难写。因为一个人一条心，一个人一个想法，非常难合。人如果不合，就会内斗。所谓调理身体，就是要你的阴阳调和，多的要减少，少的要增多，所以要经常调而不是一次调完，因为它随时在变化。

八个卦中，一共有四个都是天做主的。（图5-4）天底下动，是"☴"，也就是风。为什么？因为以前没有高楼大厦，最高的是树木，天底下动就是树木在动。树木动，你就知道是风来了。风来了，就要添衣服了。大家一定要了解，人最要紧的就是顾好自己。其实，佛教中的《心经》，就是自己自己，顾好顾好，才叫作自己自己。听起来好像是笑话，其实没什么好笑的，自己都顾不好，还顾得上佛祖吗？

天	风	火	泽
父			

图5-4

天底下动是风，那天当中动是什么？是"☲"，也就是火。火一烧起来就在天上面动，这个比较不好懂，大家可以想象一下。读《易经》一定要发挥想象力，想象力就是象，象就是想象。

天上面动是什么？是"☱"，也就是泽。泽就是池塘。你到池塘去看，会发现水在天的上面，因为它是倒影。只有这一样东西是水在天的上面，人能够看得到，其他是看不到什么东西在天上的。人到了泽旁边，看到天上所有的东西都投影在上面，心情就很愉快，所以把它取名叫作兑。

地也是一样，地下面动，地当中动，地上面动。（图5-5）地下面动，就是雷（☳）。雷一打，整个地都动起来了。地当中动，就是水（☵）。两岸会裂掉，水流从中间一贯而过，从来不断。地上面动，就是山（☶）。山是所有这八种里面动得最小的，有时候地都比山动得快，可山却是持续在动的。

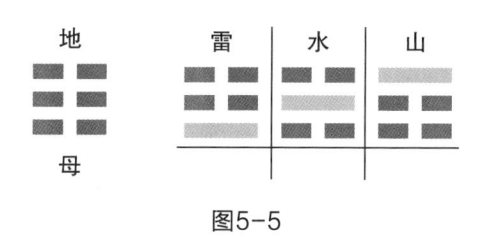

地	雷	水	山
母			

图5-5

中国台湾最高的山在一直往南走，叫作走山。走到有一天整个山都不见了，我们就麻烦了。因为没有东西挡住风，风一来，整个都扫光了。山是调节气候最好的东西，大家不要认为它不好。如果地球上都是平原的话，很快就变成沙漠了，因为挡不住云、雨、雾、风。

天地风雷水火山泽，是对人类影响最密切的八种基本元素，而它们当中的变化，可以包罗万象，解释所有我们所能够想得到、看得到的事情。天如果只代表天，就没有变化，所以后来把它变成了乾。其实整个中华文化就是两句话而已，叫作天行健，地势坤。

天靠什么？靠自强不息。天，从来没厌倦过，从来没有说累了，稍微休息一下。所以身为一个男人，要有责任感，只要活一天，就要负起自己的责任，不能逃避。"地势坤"，地是厚德载物，它承受所有的东西。你把最毒的东西埋在地里，它没有反抗；你把不要的东西丢在地上，它无所谓。地的这种德性，就是一位伟大的母亲，所以我们才会说，大地是我们的母亲，从来没有说天是我们的母亲。乾、坤是《易经》的大门，这两个卦是最重要的，我们把它们搞清楚之后，后面都很容易理解。

风就是巽。为什么叫巽？因为在所有的东西当中，只有风是无孔不入的。火还可以挡，水也可以挡，但是只要有任何缝隙，风都会吹进来。你穿了很多衣服，它也会从缝里面吹进去，所以冬天，人要穿紧身的衣服来保暖。而且，穿堂风是很厉害的。如果到了一个人家，能从前面看到后面，那么住在这里的人会经常伤风感冒，就是风进来了，一直吹到后面，而没有东西挡住，这样人就受不了。因此，中国人的房子都会有一些设置，来把风挡一下，让它走一个弯路，而不是走直路。这样大家才知道，为什么房子前面正对马路，我们会认为风水不好，也是这个道理。

风水是很科学的，换句话说，要用科学来解释风水，才是内行人。如果你光讲，却不知道为什么，那就很糟糕。比如，你到庙里去，会发现中间的大门是不开的。有人说那是皇帝来才能走的门，其实是在乱讲。庙里头大门不开是什么意思？大家想想看，中国人的庙宇多半建在很偏僻的地方，那些地方最容易有强盗、山贼。和尚要去跟他们对抗很麻烦，所以庙的大门一定是关着的，侧门开着，而且前面还有一座桥，就是看到有人来，赶快关掉侧门，如果还要去关中门，那是来不及的。

我们的每一个传说，都有它正当的理由，归纳起来只有三点：方便、安全、有效。其实现在的管理就在讲这三点，可是没有抓到重点。如果大家朝这个方面去想，就懂得什么叫作风水了，否则的话就是道听途说，还搞得自己很迷糊。

火叫作离。为什么叫离？火，要有东西烧才能继续蔓延，没有东西可烧，它自然就没有了。所以我们现在救火，多半会隔离，就是这个房子已经烧起来了，救也没有用，干脆把旁边清出来，不要让火再烧过去就好了。当火把这个房子烧完以后，自然就灭了。

泽就是兑。现在用来形容一个人心里很喜悦，叫兑。你心里什么时候最喜悦？就是拿着支票去变现，兑现了，高兴得不得了，所以叫兑。

雷就是震，雷一来，整个大地，包括万物都会为之一震。

水叫坎，这个是非常有学问的，坎就是险的意思。大家不要小看水，水性是最捉摸不定的。坎卦上下是阴爻，中间是阳爻，它是男女和合的一个相。当男女和合的时候，可以有后代，但却是非常冒险的，所以我们叫坎坷，因为后面的事情一大堆。

山是艮，艮就是止的意思，做任何事情都要适可而止，所以艮这个卦，是关于修行的最好的一个卦。大家只要懂得这个卦，大概其他事情就都可以化解了。

那么，请问大家，风火泽是儿子，还是雷水山是儿子？从一阴一阳之谓道，我们应该很清楚，父下面这几个是女儿，母下面这几个是儿子。（图5-6）雷是长子，所以以前凡是名字叫震的，一定是长子，否则不是长子，凭什么叫震？现在不是了，最小的儿子也叫震，那就是乱来了。雷是长子，水是二儿子，山是小儿子；风是长女，火是二女儿，泽是小女儿。上面三个都是女儿，下面三个都是儿子，这样组成八口之家，成为一个《易经》家庭。

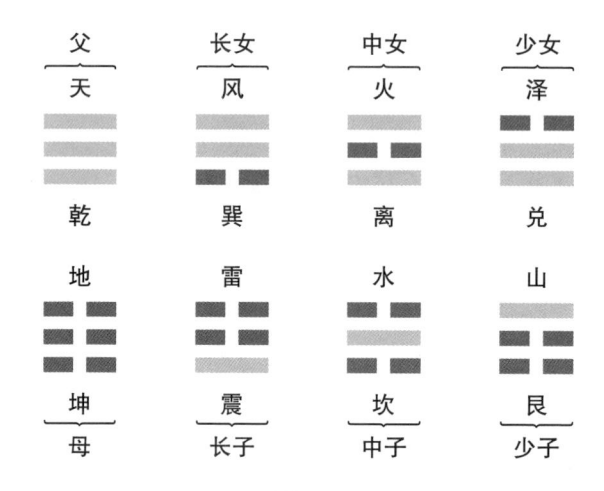

父	长女	中女	少女
天	风	火	泽
☰	☴	☲	☱
乾	巽	离	兑
地	雷	水	山
☷	☳	☵	☶
坤	震	坎	艮
母	长子	中子	少子

图5-6

其实，整个中医大部分也都是从这里演绎过来的，阳一定离不开阴，阴也一定离不开阳。

凡事皆有正反两面

大家想了解诸子百家，一定要以《易经》作为基础。比如老子道家，注意一点，我没有说他们是道教，中国大概只有成一家之言，没有什么教的。老子讲了一句话："道可，道非，常道；名可，名非，常名。"大家会说不是这样标点的，一般都是"道可道，非常道；名可名，非常名"。你这样武断，怎么知道是老子的意思呢？那时候没有标点符号，后人便开始乱断句，贻害无穷。学了《易经》以后，我们把它变成"道可，道非，常道"，比较符合"一阴一阳之谓道"，只要有人说可以，马上就有人说不可以，因为立场不一样，这是平常的道理。古人讲话都是很清楚的，只是现代人不会解释罢了。

"名可，名非，常名"，有人说这个名字好，马上就有人说这个名字不好。"常名"是什么意思？就是人家常常叫你的名字，才是你的名字。现在的孩子，一般都是父母取名字。其实，作为父母，是没有权力取名字的，中国人只有祖辈替孙子取名字，没有爸爸替儿子取名字的，更没有自己给自己取名字的。如果你想替人家取名字，当到祖父再说，所以儿子生的孩子，要请示老爸叫什么名字，才比较好。

那么，如果祖父给孙子取了一个非常好的名字，有没有用？

没有用。比如，"经国"非常好，那你说我姓"蒋"，就管孙子叫"蒋经国"好了。可是所有的同学都不叫他"蒋经国"，而是叫他阿国、阿国，最后变成阿狗、阿狗。为什么常常有人这样叫你、那样叫你？就是大家看到你，知道这才是你该叫的名字，你整个的格就出来了。**取名要取得住才算名，取不住就不算名**，那只是报户口用的而已。这样大家就知道，你该叫什么名字就是什么名字，跑不掉的。

以孔子为代表的儒家，中心思想就是这句话而已："无可，无不可。"我们总以为孔子叫我们这样、那样，其实完全不是。孔子是怎么样都可以，随遇而安，每一个人自己看着办。大家一定会怀疑，"无可，无不可"，那怎么办呢？就是《易经》所讲的："不可为典要，唯变所适。"

大家都知道四个字，叫作适者生存。请问什么叫作适？是适应的意思吗？如果你讲适应，那就是投机取巧。现在就是适应了，才搞得这么糟糕。为什么？就是有一代人太随便，说无所谓，时势变成这样，没办法，那就完了，将来死了要怎么去向自己的祖宗交待呢？

"无可，无不可"，下面还有四个字，叫作择善固执。没有摸清楚以前，可以动；但是当摸得很清楚了，你适合这个，那就不能再动了。这就是经，经是常的意思，永远不能变，不管时势变成怎样，不能变就是不能变。这才叫传承。现在不是，搞得老师教不了学生，政府管不了百姓，父母不敢管孩子，还有什么传承可言呢？我们现在整个没有按照《易经》的道理在走，后果真的会很糟糕。

墨家怎么讲呢？"非人而易之。"他如果不像人样的话，就要想办法把他改变成人样。人都要像样，否则就是非人了。大家知道这个以后，再看现在的社会，凡是越自以为穿得时髦的，越不像人样。

阳中有阴，阴中有阳，孤阴不生，独阳不长，就是说阳跟阴始终是不可分的。所以西方人老是唯心、唯物，争论千年，基本上是不对的，因为心、物是分不开的。**凡事都有正反两面，你站在这一面，他站在那一面，所看到的结果是不一样的**，就好比你看到一个人的背面，而他看到一个人的正面。过与不及都不合理，过就是过抗，不及是过弱。

"分久必合，合久必分"，我们常说一句话，分工是为了合作。其实分工不是好事情，分到最后大家都不想做，因为太单调，没有变化，一点儿兴趣都没有。我不相信工人每天做同样的工作会有什么兴趣。用现代的话来说就是，分工是一种罪恶。**分工是为了合作，如果合作不起来，那这个分工是完全没有意思的。**

讲到这里，大家应该知道，这些都叫作数的变化，一切有定数。没有定的时候叫变数，定的时候就叫定数。我先把这句话说出来，**人生的努力不过是在明白此生的定数是什么**。你一辈子努力，努力到最后，才知道原来自己这辈子是来当总经理的，这就是你的定数。你一生努力，努力到最后，才知道自己这辈子是来开计程车的，这也是你的定数。

所有的管理就是这么一个层次，从未定之天，走向既定之局。刚来时人家问你要干什么，你会说先做做看，这是未定之天。想不到，竟然做到有个格局出来，这是既定之局。其实很多人创业的时候是没有把握的，就是做做看，无意间却被他搞出来，这才是真话。

如果你去问那些成功的人是不是从小立志，他会告诉你，我同班同学凡是从小立志的，没有一个有出息的。因为一阴一阳之谓道，你越想，越得不到；不想，反而通通来了。我们今天全做错了，所有人都想成功，都想拿第一。实际上，你永远拿不到第一。你太不了解老天了，当你出生的时候，老天就知道，你所欠缺的是这个，越想得到，越是一辈子都得不到。一切都是未定之天，但是总有一天会找到既定之局。既定之局是结果，未定之天是原始。一个年轻的人，是未定之天；一个年老的人，是既定之局。所以初难知、上易知，就是这个道理。

数是活的，会变动，还没有完成的时候叫变数，已经确定的时候就叫定数。人一辈子努力，就是为了找到这辈子最后的定数是什么。我最近听了太多这样的话，凡是上了年纪的都在跟我讲，这一生最大的错误就是把孩子送到国外去。然后下面加个注解，既不孝也不顺，就这么简单。但是那也不是他们愿意的，而是当时的时势所造成的。我们常说形势比人强，但是真正的高人就是要逆着形势去走。所以是要逆数，不一定要顺。换句话说，**要顺天，而且逆数，才叫一阴一阳之谓道。**

六　象数理的连锁作用

- 一个人要看到别人还没看到的东西,而不是看到大家都看到的。
- 本来事情是非常好的,都是被自己搞坏的。
- 只要有一个非常好的人出来,就表示一个非常坏的人也快要出来了,否则就不平衡了。
- 对错,是你的年龄阶段不同,就有不同的标准。所以不要用固定的标准做判断,因为标准是变动的,不是固定的。
- 人不能够完全依照过去的经验,因为时在变。时一变,合理不合理就会跟着变动。

数始于一而终于十

我很佩服司马迁，他读完《易经》以后，把《易经》的数用一句话就讲清楚了：数始于一，终于十。数从一开始，不是从零开始。一个人要十全十美，不是难不难的问题，而是没有必要，因为你永远做不到。比如乾隆，说自己是十全老人。有没有全？没有。死了以后，尸体被盗墓的搞得一塌糊涂。可见生前全，死后一定不全。

事不过三，人类会发生三次世界大战，因为有一就有二，有二就有三。那第三次什么时候发生？其实，第三次世界大战已经开始了。我再说一遍，当大家都看到的时候，已经没有用了。人家没有看到的时候，你看到了，那时候才有用。那就叫几，不叫机。几是很轻微的东西，所以叫几。机是木头已经长出来了，大家都看到了，就没有用了。当大家都看到房子涨价了，你再去买，永远是赶不上的。这个房子很便宜，买了吧，结果发大财了。大家想想是不是这样？一个人要看到别人还没看到的东西，而不是看到大家都看到的。现在是大家都看到，我才相信，那就完了。

第三次世界大战现在正在进行当中。第一，它不是以前的武力的战争。因为核武器太厉害，没有人敢动。以前的战争，了不起死几千人，甚至几万人，现在如果核武器一发动，全世界都完了。可见,老天让我们把武器搞得非常厉害的时候,就表示没有人敢动,只是用来恐吓而已。

第二,外交战行不通。自从李鸿章去签了马关条约,回来被骂得要死。现在谁敢去签,宁可自杀算了。我们以前所经历过的东西,现在没有一样行得通。外交战之后,货币战、经济战,那都是小事,现在人类最后一场战争,叫作文化战争。大家从这个角度去想会发现,现在已经打得非常激烈了,打出来的结果是人类还有生存的希望,这是好事情。如果打打打,到最后人类没有生存的希望,那还不如不打。

中国人说话都是三段论。我们画卦也是画到三画为止,把时间分成过去、现在、未来。这个很重要。孔子说,中人以下,中人,中人以上。他说中人以下,可以给他把道理讲得比较高深一些。中人,可以讲得更高一点儿,因为取法乎上,才可以得乎其中。但是,请大家记住,如果那个人是听不懂道理的,就不要跟他讲道理,讲了也没用。

所以,孔子所说的"知之为知之,不之为不知",并不是平常人所解释的那样:如果知道就说知道,如果不知道就说不知道。实际上,"知之为知之,不知为不知",就是一阴一阳之谓道。虽然我知道,但是我觉得你不应该知道,我就说我不知道。如果我知道,发现你也应该知道,我就告诉你。所以中国人常常知道却说不知道,因为跟你讲没用。这个人应该知道,如果你不告诉他,就失掉一个朋友;这个人不应该知道,如果你告诉他,就会害死一个人。

"三年无改于父之道,可谓孝矣。"爸爸死了以后,作为子女，三年之内不要去改变爸爸的做法，可是三年之后，是可以改的。这里孔子用三年，没有说一辈子不能改变，是什么道理？如果爸爸一过世，你就把自己的主张整个表现出来，别人就会怀疑你，当你爸爸在世的时候，你为了想要遗产，才假装顺着你爸爸，你那时的表现都不是真的。你有新人新政是对的，但是要经过一段时间了解适应以后，才可以改善。这也是三段论。以前我不知道，因为我不在其位、不谋其政，现在我坐在这里才知道，以前觉得不好的，原来都是好的。这样的事情太多了。然后再跟那些老臣谋和沟通，大家也会支持你，你才能大胆地改。可见，很多事情不是要或者不要的问题。现代人都是要跟不要，这就两极化了。

孔子在《系辞传》里面写了这样一句话："天下之动，贞夫一者也。"天下不管怎么动，最后都要回到原点，这就叫一。全世界现在都在讲这句话，叫作"Back to basic（回归原点）"。人类要赶快回归原点，因为越走越偏了。

那么，什么叫回归原点？比如你跟太太出门，在人地生疏的地方走散了，怎么办？先生找不到太太，太太找不到先生，最好的办法就是待在原地不动，如果你到处去找他，他到处去找你，那永远找不到。你们两个在哪里失散的，都回到原来的地方，就是回归原点。

孔子说"吾道一以贯之"，所以后来出现了一个"一贯道"，本来是非常好的东西，但是却被自己搞坏了。记住这句话，本来事情是非常好的，都是被自己搞坏的。因为它不是宗教，现在却把它搞成宗教，自然就完了。一贯道是要来统和所有的教的，它不是分，而是合，五教合一，因此它里面什么都拜。但是一贯道为什么会变成宗教？真正的原因非常简单，就是三个字，叫市场化。多少人本来有很好的理想，最后都是感觉行不通，才开始走市场的路。一旦走上市场的路，就完了。

我是研究管理的。我可以清楚地告诉大家，20世纪人类最大的笑话就是市场化。市场化把一切都搞垮了。比如唱歌，好好唱就行了，不行，一定要穿得奇形怪状，扭啊跳啊。实际上，就是唱歌不好，才要扭跳，才要靠脱衣服来博眼球。这就是市场化。

比如《易经》，大家最喜欢听的就是风水、算命，很多人为了迎合大众，就去讲风水、算命，而自己根本一知半解，就把人带到邪路上面去了。现在真的是科学越发达，人类越迷信。《易经》本来就包含这些，道理懂了，风水自然就懂了。最起码懂得道理，你不会去害人。

我们只有一个地球，现在不管中外，都在讲"一"的事情。西方人讲的跟我们有些不同，他们叫作"One world, or none"，什么意思？中西方两种文字表达一个意思，一般都是中文很短，英文很长，只有这个相反，英文很短，中文很长。这句话的意思是说，如果世界不能统一，人类即将毁灭。地球村，就是从这里来的。人类如果还要分来分去，分到最后，什么都没有。但是现在依然在分，这是我的海，那是你的海，如果北冰洋的水一过来，你还知道谁是谁的海吗？将来还能分吗？

实际上，八八六十四卦就三种，一种叫纯阳卦，一种叫纯阴卦，一种是有阴有阳，就这么多变化。天是乾，地是坤，中间的这一部分就叫作神。（图6-1）怎么那么神呢？就是阴跟阳这样掺来掺去，变化无穷。道也是指这个，阴阳交易就叫道。如果一个男的和一个女的，你不理我，我不理你，那这些变化通通没有。孤阴不生，孤阳不长，一个男的，一个女的，用现代话来讲，两个人不来电，就没有戏唱；可是一来电，不是电死男的就是电死女的。大家慢慢去体悟，六十四卦的变化都在这里。

人生离不开三种卦

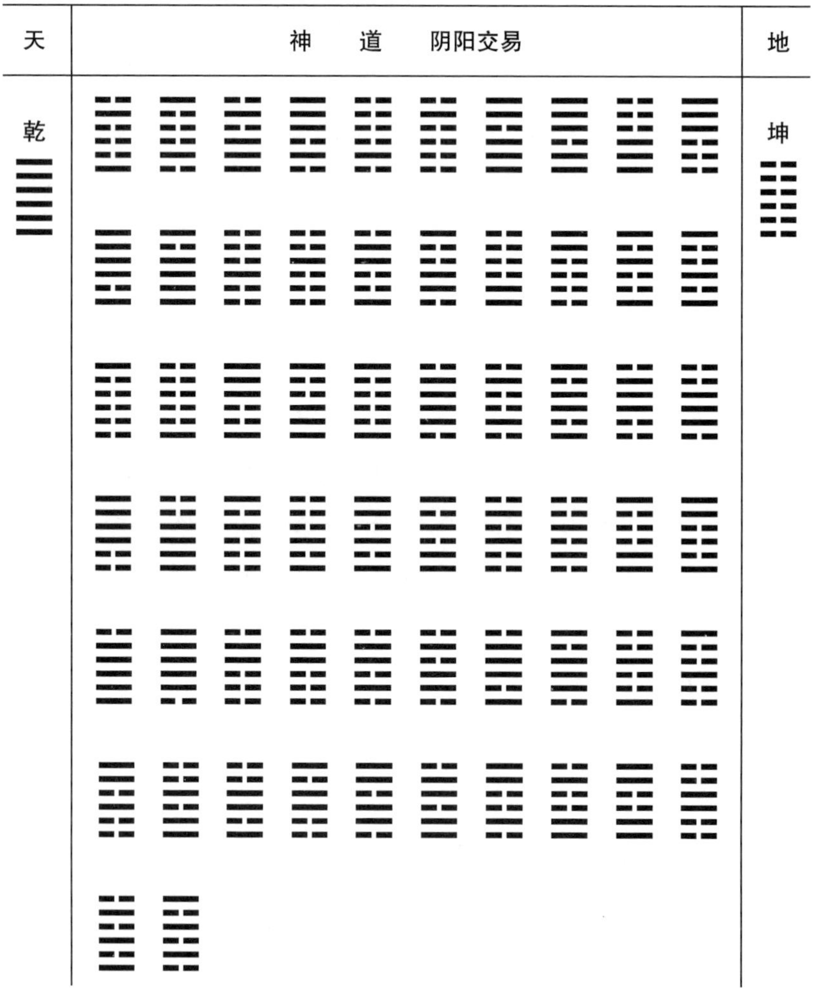

天	神　道　阴阳交易	地
乾		坤

图6-1

《易经》里面所讲的神跟现在一般人所讲的神是完全不一样的。《易经》所讲的神是好神奇、好神妙、好神速。宇宙人生一切一切都在这张图里面，人生离不开这三种卦。我们以后会慢慢讲到，你画出来是什么卦，就在什么情境当中，西方人讲situation（处境），中国人叫作卦。全世界都在讲《易经》，只是没有很系统化。

现在，大家慢慢要对数有所了解，因为一切一切都是从数开始的。一二三四五六七八九十，一二三四五叫生数，六七八九十叫成数。为什么叫生数？因为是它们生出后面这些东西来。

一就是太极，一切一切都是从一开始的，它最小也最大。

二就是阴阳。老实讲，二的发音，有一点儿"恶"感觉，因为只要有阴有阳，就有恶。为什么我们会从母系社会变成父系社会？为什么我们会有私有财产的观念？就是男人当家，他们离不开私有财产。女人是没有的，现在还是如此，贵州、云南的某些母系社会，还可以看得到。全家人都住在一起，女性没有丈夫，但是她中意的人，就可以跟她生小孩儿，可孩子出生之后是属于娘家的，只知有母，不知有父，孩子是跟舅舅一起长大的。母系社会，没有什么私有财产，女人要照顾那么多孩子，她不能有私有财产。而男人做主的时候，就开始有了：这是我的太太，别人不可以动她。这不是好坏的问题，而是自然现象。大家要从这里好好去想人类的这种改变，它是有道理的，如果不按照道理去改变，那就是错误的。

三就代表变化，参参差差，掺来掺去，就叫三。三三得九，所以乾用九；三二得六，所以坤用六。至于为什么，我们以后会讲，因为这是非常重要的东西。

四就是四象、四季、四方。做人要四面都照顾到，否则就是一偏之见，一厢情愿，最后就变成了井底之蛙。

五是什么？掌握就叫五。我们伸出手来，五个手指头可以全面掌握的，就叫作五，所以叫作队伍，没有叫队六、队七、队八的。你要好好掌握你的队伍，凡是掌握不住的都不叫队伍。

六七八九代表占卦的整个变化。六是老阴，七是少阳，八是少阴，九是老阳。请问大家，为什么六比八大，九又比七大？因为七跟九都是阳，阳是往外扩散的，越大越阳，而阴是收缩的，越缩越阴。所以两个都是阳数，九就比七大；两个都是阴数，六就比八大。这样才会变成七上八下，其实七上八下，就是讲阴阳变化。

十就是十全，是总数。一五一十，然后又开始从一二三四五变下来。

数在《易经》里面是非常重要的，中国人最常讲的一句话就是我心中有数。心中有数，但是不会说出来。现代人主张什么都要说出来，真是糟糕。你把心里的数都说出来，还有什么戏唱呢？为什么事情很难做？就是因为才刚刚开始商量，大家都知道了。你要等商定了才公布，因为商量的过程难免有争执、有不同的意见，如果你一下子表态了，大家谁还敢讲话呢？任何一句话都是错的，因为它有阴就没有阳，有阳就没有阴。这就叫作断章取义。最近所发生的事情很多都是断章取义，当事人说我不是这样说的，旁边人说你明明这样讲，永远吵吵闹闹，最后全完了。我们有这么好的东西，大家都不看，反而去搞那些乱七八糟的东西，真是越搞越乱。

象数理的连锁作用

什么叫《易经》？就是由数推理，但是要配合形象。数是看不见的，要用象来显示，所以叫作现象，就是现出那个象来。

中国人很喜欢看象，因为最容易看的就是象。天有天象，地有地象，看地理就是看地象。人有人相，而人的相经常在变，你说我的没有变，那就表示你不长进。相由心转，心一改，相就变了。换句话说，我们要想办法改变自己的相。不要老听别人说，你看看自己的手相就知道了，事业线这样不行，要想办法让它生长一点儿，它长起来了，你就找到机会了；如果不寻求改变，到此为止，你就完了。一切都是你自己在决定，别人是保佑不了的。

奇数、偶数，配合刚柔的相。也就是说，奇数的都是刚，一三五七，听起来就好像有冲力；二四六八，好像是倒缩回来，大家慢慢去感觉。数跟象的背后有一个理在，用现在的话来讲，象就是现象，数就是数据。我们现在很相信数据，但是我劝大家，最好不要相信数据。因为你相信数据，人家就会用数据来骗你；你相信现象，人家就会弄出假象来骗你。天底下最厉害的就是中国人，你相信什么，他就用你相信的东西来骗你。比如，我们现在很相信日本人的东西，它明明是中国台湾制造的，但是所有的标志都是日文的，你相信就完了。

所以，当我们看到现象，要赶快去看数据；看到数据，要赶快去看现象。一阴一阳要配合，才能把后面的道理说出来。这个叫作象数理的连锁作用，整个《易经》就在讲这些。比如，你看到一个人，觉得他的相貌很奇怪，你就去看看他以前做了些什么事。原来他家里面有一个孩子，把他搞成这个样子。有时候，我们看到一个人好像很有修养的样子，但是脾气很坏，这是什么道理？我也经历过这样的事情，后来到他家才知道，他的孩子三十几岁了还坐在摇篮里面，我就非常谅解了。就算他再骂人，所有人都应该同情他，因为将心比心，如果你家里有这样一个孩子，你脾气再好，也会骂人。

我曾经在中国台湾大安公园碰到一位母亲，实在让我非常佩服。她有一个孩子，大概几十岁了，这位母亲不管出太阳、下雨、刮风，都牵着她那个几十岁的女儿，一起散步。我每次看到她，她看到我，也没觉得有什么丢脸的。对谁都是这样，只要你跟她讲话，她就跟你讲；你不跟她讲话，她也不会跟你讲。一个人看到谁都讲，人家就会很讨厌；看到谁都不讲，人家也讨厌，这就是一阴一阳之谓道。我很佩服她，就说您很了不起，她说没有什么，平常心。这才叫平常心。有人会觉得很丢脸，自己怎么会生出这么个孩子来，她没有一点儿抱怨。如果她一抱怨，别人会说一定是做了什么坏事，才会生这样的孩子。

中国人的个性就是这样，你如果讲东，他就跟你讲西；你讲西，他就跟你讲东。大家抓住这个，没有错，当阴来的时候，要用阳去对付；当阳来的时候，要用阴去对付，太极的原理就是这样。你硬，他更硬；你软，他就软。这叫作可伸可缩，中国人能屈能伸，弹性最大。这个屋顶这么矮，我就低下来，没有人会去硬闯。有一句话叫人在屋檐下，不得不低头。否则硬要进，倒霉的当然是你自己。

"无可，无不可"，道理很简单，合理就好，这句话是值得我们每一个人去深思的。我们老祖宗留下来的东西没有好坏，用得合理，它就很好；用得不合理，它就很糟糕。所以，不要老去批评老祖宗这个对那个错，其实都是我们自己的问题。我们现在最大的问题，就是圆通、圆滑分不清。本来就应该这样弯弯曲曲，你才走得通。天下两点之间直线最短，但要加上一句话，它是永远走不到的。西方人讲两点之间直线最短，害死多少人，因为如果你一直走直线，是走不到的，那叫直冲，绝对无效。

比如，现在的夫妻之所以老是闹离婚，就是两个硬碰硬，谁都不让谁。其实，夫妻没有不吵架的，一阴一阳当然要吵架。可是只有一个办法能够保证不离婚，就是太太声音很大的时候，先生声音就很小，然后她就会小一点儿，你就更小，等她很小的时候，你再大声骂回去。而当你大声的时候，她就小声，这样一阴一阳，一阳一阴，才能够过一辈子，这是非常简单的道理。

《易经》为什么叫易简？就是当你真的懂得道理的时候，它太简单了。但是，现代人都不相信简单的东西，都要找困难的东西，这点非常糟糕。其实有什么困难的？天地之间所有事情都是一阴一阳，像跷跷板一样，跷来跷去。比如选举就是这样，这次晃到那里，下次再晃回来，晃来晃去，很简单。

无一事不合理，叫中庸。我们就是被古代的读书人害死的，说什么不偏之谓中，不倚之谓庸，搞了半天也不知道什么叫中庸。中庸就是合理。闽南话有一句：这样没理啦。中国人从来不讲这样合法不合法，也不讲这样无情。一个人没有人情味，就完了，别人还跟你讲什么感情呢？所以我们严重误解了中国人，以为中国人是讲情的，其实中国人经常翻脸无情，而且说翻脸就翻脸。我们完全不了解，然后一代误一代。

如果你跟中国人讲，你这样不合法。他会回答，我知道不合法，还用你讲吗？你以为你合法，我只是不讲你而已。说到底，没有一个人是合法的，因为法这样解释可以，那样解释也可以，怎样解释都可以。如果法定得死死的，根本执行不通，但是只要有弹性，也完了。警察如果抓我们家的人，绝对是不合法的；如果抓隔壁的，一定合法，中国人就是这个标准而已。

美国人一直都搞不懂中国人怎么会这样，一被警察抓到立刻说倒霉。外国人问我，这跟倒霉有什么关系？我说，前面这个没抓，后面那个也没抓，只抓了他而已，当然倒霉。事实就是这样，前面那个人过来的时候，警察刚下车，还没准备好。后面那个，警察顾着抓你了，就让他跑了。这真的是倒霉，绝对倒霉。

大家要从《易经》里面去了解，因为《易经》把所有的人性都讲透了。记住，不要跟中国人讲公平，否则对方一肚子火。哪里有公平？不可能公平。公正而不公平才是事实。**《易经》只讲公正，从来不讲公平**。大家读了泰卦会知道，所有的平都是不平。就算是平静的水面，也没有一刻是平的，一波未平，一波又起，那才叫活水。

《易经》的一二三思维

实际上,《易经》就是由一二三组成的,所以中国人的事情,一二三就化解了。所有事情都是一二三就完了,简单明了。

太极里面有阴有阳。(图6-2)其实开车的人通常会有这样的经验,当雾很浓重的时候,伸手不见五指,那时候叫无极,就是混沌,不知道天在哪里,也不知道地在哪里。当雾散开一些的时候,是先看到地还是先看到天?当然是先看到地。看到地就知道哪边是天了。天地一分,就是阴阳,然后不停地在变。

图6-2

请问大家,为什么阳当中有阴,阴当中有阳?阳中之阴才是真的阴,阴中之阳才是真的阳。用现在的话来解释,就是一群好人里面有一个坏人,这个坏人的任务就是要把这一群好人通通变成坏人,要不然就是没有尽到责任。同样,这边有一个好人,一定要在坏人里面才显得出他是好人,他的任务就是把这些坏人慢慢感化成为好人。天底下有好人就一定有坏人，不可能只有好人，或者只有坏人。还有一句话更严重，只要有一个非常好的人出来，就表示一个非常坏的人也快要出来了，否则就不平衡了。可见，如果你说自己是最好的，那最坏的人就是你带出来的，不然他怎么会那么坏？所以，你根本没有功劳。

太极生两仪，两仪有一个看得见的，就有一个看不见的，它看起来好像一个阴一个阳，实际上阳中有阴，阴中有阳，如果是纯的，就不会分了。这样一路生下来，整个就是八卦。（图6-3）

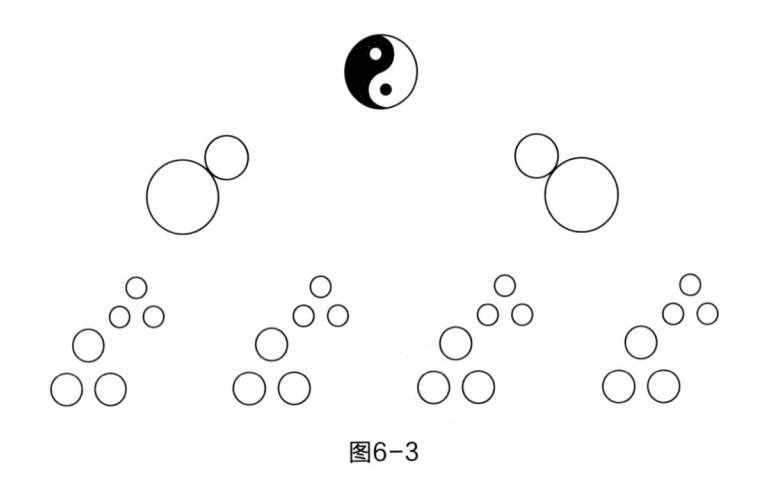

图6-3

八卦中，四个阳卦，四个阴卦。（图6-4）雷水山是从地演化出来的，风火泽是从天演化出来的。阳中有阴，阴中有阳，永远是这样交叉的。现代科学也证明，DNA就是交叉的，而不是两边分的。二三得六，所以六是老阴，老阴才会变。三三得九，所以九是老阳。八八六十四，整个《易经》都是这样产生的。多一个，多不了；少一个，少不了，它是非常严谨、非常美丽、非常简单、非常系统的一种演化。很可惜，西方的科学家到现在都没有完全了解这个体系，所以一直在那里忙忙忙。

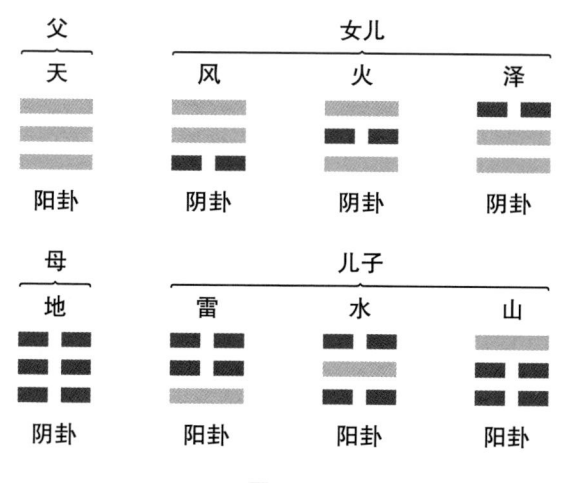

父		女儿		
天	风	火	泽	
阳卦	阴卦	阴卦	阴卦	

母		儿子		
地	雷	水	山	
阴卦	阳卦	阳卦	阳卦	

图6-4

太极这两个字是孔子第一次提出来的，他读通了《易经》以后，就提出一切一切都是以太极作为最基本的元素。西方到现在还是原子、电子、核子……就是没有人敢讲出太极。《易经》给我们的是一套思维。中国人跟日本人不一样，跟美国人不一样，就是因为思维不同。

西方人是个人主义，因为他们从小就告诉孩子，长到十八岁以后就要离开家，哪怕是读大学，是跟父母在同一个地方，也不可以跟父母住在一起，否则会很丢脸。可是中国人不一样，像我的三个孩子，他们要读大学的时候我都告诉他们，能够跟父母在一起最多还有这四年，因为读完大学以后，就会离父母越来越远，所以不管怎么样，就考附近的大学就好了。那时候我在交大教书，我两个比较大的孩子，一个读交大，一个读清华，都没有跑到外地去。可我是分中有合，合中有分。因为我会安排他们住在学校，告诉他们读本地的大学，不是限制他们不让住宿，还是要住宿，但随时可以回来。他们就很理解，因为大学毕业以后，如果读研究生还能够在当地，这种几率非常小。

我现在讲两个字，希望大家了解，人生一切一切都是这两个字在决定，叫作几率，英文是random。哪一件事情的几率比较大，哪一件事情的几率比较小，是大或者小，不是有跟没有。

在中国台湾，大家很少讲有无，都讲加减。加减就是三，有是一，无是二。"你有错吗？""我哪知道？"他一定先说我哪知道，不会说我有，也不会说我没有。因为说有无，都会被骂。大家有没有发现，为什么你开口就被骂？就是走两条路。大家真的要好好去读《易经》，这样才有办法了解，原来自己是这样的想法。

日本人只有一，没有二，所以他们的团队精神最高。日本人的团队精神是从小就养成的。日本人吃便当跟中国人的吃法不一样，因为思维不一样。日本小学午餐的时候，把便当推出来，每人一份，里面的东西完全一样。我去日本的时候，发现有一个女生，不知道为什么有很多东西不吃，她就先把不吃的东西挑出来，最后吃，所以就吃得非常慢。日本学校规定，全班同学，只要有一个没有吃完，全班都不能出去玩。那些男生吃完了，就跑到这个女生面前："拜托，快一点儿啊，就剩一点儿玩的时间了。"那个女生就闭着眼睛吃啊吃啊，吃到最后，还剩一块黄萝卜，实在不想吃了，全班苦苦哀求她，最后她很勉强地吃了，然后全体通通跑出去。日本人从小就是这样训练出来的。日本很冷，但是规定小学生通通穿短裤。一穿短裤，到了红绿灯路口，因为冷，没有人站得住，都蹲下去，根本不用口令。然后绿灯亮了，所有人都站起来，外人看着非常整齐，其实是冷得一直颤抖。

我觉得日本人很懂利用那个形势，造成你不得不这样，然后就会养成习惯。大家想想看，如果我们也这样规定，说全班同学，只要有一个没有吃完，就不能出去。那么，家长们会第一个来抗议："我女儿吃黄萝卜会过敏，你知道吗？学校真是没有天良，竟然这样规定。"老实讲，如果家长不能充分跟学校配合，孩子是会被毁掉的，这也是一的问题。

我今天讲得很清楚，十个人有十个看法，你要么不交给他，交给他，你就要相信他，给他相当的权力，否则他没有办法做。现在很多小学老师根本不管学生，因为无法管。初中规定学生不能抽烟，有个学生拼命抽，老师就打电话告诉他爸爸，说你的孩子在学校老抽烟，学校拿他没办法，你能不能来一趟。这位爸爸就来了，首先拿出烟来，给老师一根，老师说不抽，然后给他儿子一根。这样老师怎么办呢？所以，假定一个团体不能归于一的话，那什么事都做不成。

那如果只有一，没有二没有三，是不是更好？大家可以从近几十年的变化中去探究，只有一在短期内固然高效，但是那个后面的影响，也是蛮大的。

理随时变做好调整

为什么现在全世界都慢慢开始重视中国？就是因为只有中国才有办法。美国从金融风暴以后，就开始检讨要怎么样来改变美国。答案只有一个，就是把美国变成中国，美国才有希望。当然，如果这句话直接讲出来，会被美国人骂死。那个人很有名，最后改口说，只改变一天就好了。因为你只要改变一天，就可以整个改变，否则永远没办法改。

大家看奥巴马，改变到现在不能改变了。当制度太严密的时候，谁想改都改不了。只有我们中华民族可以不改制度，而说改就改。喊一声而已，就改了。我们从来没有修改过制度，但是中国人就是有办法，什么都不改，就改了。比如要建一条高速公路，一年之内完工。怎么完工？先看看经过几个省，把这几个省的负责人找来，图纸画好，这段给你，这段给他，一年之内完成。如果下面有人问钱呢，他就笑了，我给你机会，你还跟我要钱？然后下面说知道知道，就做了。全世界只有中国人做得到，喊一声而已，就妥当了。但是大家有没有发现，时也，命也。在全世界这个时里面，中国人的效率最高。所以大家要知道，《易经》**告诉我们没有好坏，没有对错，没有是非，只有合理不合理**。合乎时宜就叫合理，不合时宜就叫不合理。实际上，我们现在是被思维绑死了，所以很累。

人应该活得轻松快活，而不是越活越累。越活越累就是方法错误，这是非常简单的道理。

讲到这里，我希望大家做三件事情。

第一，我们最乱的就是这个脑袋，要好好理一理。家里的抽屉，你大概一年会检查一次，整理一次。你的这个脑袋，也相当于你的抽屉，可是你一辈子从来没有整理过，乱七八糟的东西都在里面。你要把脑袋这个抽屉打开来，把所有以前的观念，一个一个检查一下，合不合理，合理的放进去，不合理的丢掉。花一点儿时间，把自己的观念，好好整理一下。人是观念的动物，行为后面有一个观念，有什么样的观念，就会产生什么样的行为，进而表现出什么样的态度。

但是大家很少这样做。我倒希望全家人都这样做，因为我们要家和万事兴。家和万事兴有一个共同的基础，就是大家看法要一样。别人家怎么样，那是别人家的事情，隔壁要怎么样，那是他们家的事情，我们要把我们家做好，这叫作共识。现在大家完全没有共识，一个人一条路，只有一条船，有的要往东，有的要往西，开的人也不知道怎么开。我们要把观念稍微整理整理，观念可以有弹性，但是不能没有共同点，用现代话来讲，叫一定要有交集。如果家人完全没有交集，那家长怎么当呢？这是第一个要做的，把自己多年来矛盾错乱的观念好好理一理。

第二，要淡化是非善恶好坏。一个太有是非的人，是经常闯祸的，因为几乎没有人的是非能禁得起考验。我们现在常常太狭隘，说这个对、那个错，其实不应该。我的孩子小的时候，我就告诉他们，对错，是你的年龄阶段不同，就有不同的标准。所以不要用固定的标准做判断，因为标准是变动的，不是固定的。明明是对的，它会变错；明明是错的，忽然间又变对了，因为阴会变阳，阳会变阴。所以我都告诉孩子，你现在年纪还小，不要用固定的方法，要多听话。但是有一天你慢慢长大了，就不能老听人家的话，而要靠你自己。这样就对了，我们要做阶段性的调整，以前是以前，现在是现在，未来要变怎样，我们自己要有一个前瞻性的看法。

人不能够完全依照过去的经验，因为时在变。时一变，合理不合理就会跟着变动。《易经》里面最要紧的两个字，就叫作时中。时中的意思，就是无时无刻不合理。**理跟着时，所以叫作随时。随时在改变，人要做好阶段性调整。**

第三，每个人都要告诉自己，当前的状况是最重要的，要去面对，不能躲避。人没有办法躲避现实，因为它就摆在眼前。如果你想要再往前走，它就跟你息息相关。一个人不能说环境怎么样，我不管，我爱怎么走就怎么走，那不可能。怎么办呢？首先不能完全迁就现实，其次不能完全不看现实。这两个要平衡，因为阴阳要平衡。

慢慢地，我们会走出一条合理的路，这条路就叫中道。一般人误解中道就是中间路线，其实不是，根本没有什么中间路线。我们常常讲中国人不走极端，这句话也不是《易经》讲的。《易经》告诉我们，**该极端就极端，不该极端就不要极端，这样才叫中道。**

孟子讲："虽千万人，吾往矣。"就算那边有千万人在等着修理我，我该去还是去，怕什么？但是我不应该得罪人的时候，就不要得罪人。**无事不惹事，有事不怕事**，就对了。阴阳有一个平衡点，我们慢慢把这些从家里面开始做起，然后就可以把现实的问题融会贯通。比如，有很多人关心中国台湾会不会沉到海底下去，不管你说会还是不会，大家都是不能接受的。了解《易经》的思维以后，你会有一个很重要的体会，就是我们现在所认为对的，基本上都是错的；现在所认为不对的，反而是对的。人类走到现在，已经快走到死胡同里面去了，再不回头，就来不及了。

老天是不说话的，但是老天会预警。现在老天不断发出警告，但是人类从不理会。我们经常讲天地颠倒，现在南北极要开始对调了，在欧洲、美国，很多鸟一下子死掉了，而且是同一种鸟。有人怀疑是人下毒，我不这样认为，因为有人下毒的话，不会只有某一种鸟死掉，其他种类的鸟也会死。鸟在空中飞，可是空中没有方向，鸟也不会认路，但是每次都能到达目的地，靠的就是磁场的引导。现在磁场乱了，把它们引导到错的地方，一直飞，飞到精疲力竭的时候，就死掉了。

再说一遍，老天是不开口说话的，但是会透过自然的现象示警，就是告诉人类，要好好去反省，因为你们走错路了。如果人类走对的路，大自然干吗跟我们开这样那样的玩笑？人类走错了路，大自然就很挣扎。我用"挣扎"这两个字是有道理的，好比父母要让孩子好，但是自己很挣扎。挣扎的话，辛苦的是父母，如果孩子不配合，那就更惨。

现在，水就是很大的问题，好像老天在跟人类开玩笑，其实不是。地球上百分之七十是水，但多数都是不能喝的。为什么要这样子？老天就是要给人类很多限制。想想看，如果所有水都能喝的话，人类就更加不受约束，更加肆无忌惮了。老天给人类的都是有限的资源，你的寿命是有限的，你的工作范围是有限的，你所能做的事情是有限的，你所能用的资源还是有限的，你这辈子最大的贡献也是有局限的。所以，你不能让自己膨胀得太厉害，好像什么事情都可以掌握，那是不可能的事情。知己知彼，才有办法安度余生。老实讲，一辈子走到这里，后面的日子如果不好过的话，就算前面的好过也没有用。

  我们讲的不是宗教的末世论，我们讲的是科学提出来的人类毁灭论，这两个不太一样。人类为什么会毁灭？四个字，叫作自作自受，完全是自作自受。而要改变，只有靠人类自己。那么，主要是靠谁改变？靠你跟我，很难，因为这种改变是非常有限的。只有靠当政的人去改变。其实当政的人现在所做的事情都是枝枝节节的，那没用。他们要做的事情，就是把我们带向一个安全、有效、方便的未来，这样就对了。现在不是，专做不是自己的工作，反而将自己的工作忘记了，这是非常麻烦的事情。

  我们大家一起来，因为这是我们共同的未来。这次读《易经》不是为了好玩，而是现实摆在这里，人类如何自极，我们要同心协力过这个关。

七　中华民族的《易经》思维

- 人类是没有能力是非分明的。
- 中国话是怎么讲都对的，因为道理本来就是圆的。
- 不管是日常生活，还是工作职场，能帮助人家就要帮助人家，因为你永远不知道自己什么时候会碰到什么事情，而可能平常你帮助过的人，刚好可以帮到你。
- 用三分法来想事情，用二分法来做决定，用一分法来执行，什么问题都化解了。
- 中国人就是这样，你不讲，他都知道；你讲了，他都不信。
- 要跟中国人讲话，最好让他自己讲，你不要讲。
- 两点之间曲线最短，而不是直线。

《易经》只讲思路

《易经》不是一本讲知识的书，如果是的话，我们很早就应该把它丢掉了。因为知识的寿命是很短的，差不多二三十年就整个改变了。

大家想想看，为什么我们的遗传没有知识这个项目？因为如果知识会遗传，那人类就会很惨。你活在这一世，认识这个认识那个，可是等到下一辈子再投胎的时候，可能这些都没有了，又有一些新的东西出来。所以老天对人类很好，因为这辈子我们所学的知识不会遗传。那什么会遗传？是智慧。智慧会遗传，知识不会遗传，**智慧是永远不变的，而知识过一段时间就会改变**。

今天很多人都在讲智慧，那什么叫作智慧？其实不用讲得那么神秘，**所谓智慧，就是思路**。思路是思想的一个路套。你是怎么想的，那就是你的思路，而你的思路就代表你的智慧。比如同样看到假花，大家的感觉和看法都不一样。有人说毕竟是假的，没什么好计较的；有人说虽然是假的，但是它最起码比真的维持得久一些。

请问大家，如果人类的思路都是一样的，好不好？答案是绝对不好。我很少用绝对这两个字，但是该用的时候还是会用。同样是花，有人认为白色的漂亮，有人认为紫色的高贵，有人认为黄色的明艳……各花入各眼，才会有各色各样的花。如果每一个人都说红色的漂亮，其他的都不漂亮，那世界上就只剩下一种花——红花，其他的花都不见了。

同样的道理，文化是不能整合的，也无法保持一致性。人类如果只有一种文化，铁定要毁灭。《易经》，包括现代生物科学家都告诉我们，生物要多元化，才会生生不息。如果物种到最后只有一元，那这一元也绝对活不了。所以现在有很多人的观念是错误的，说什么地球村就是文化整合，大家都一样，其实不然。**地球村一定要有个前提，叫作求同存异**。求同没有错，但是要存异。大家有没有发现，自从全球化的呼声出来以后，全世界都在做一件事情，就是本土化跟全球化激烈的抗争。各国部长一开会，外面一定有一批人强烈抗议全球化。为什么抗议？因为全球化对弱小的文化是不利的，它会被强大的文化一下子搞掉，那这种文化就不见了。

人类现在最大的抗争就是本土化对全球化的抗争，要化解这个问题，只有用《易经》的办法，就是求同存异。所以孙中山先生才会讲"世界大同"，他是根据《礼运大同篇》来的。"大同"后面一定有两个字，叫作"小异"。大家会发现中国人讲话只讲一半，留一半，这都能在《易经》里面找到解释。

没有小异，算什么大同呢？大同是《易经》中的两个卦，一个叫大有卦，一个叫同人卦，把它们合在一起，叫大同。我们现在开会，主席致词，都是"各位同仁，大家好"，到底好不好？你要小心。当他讲"各位同仁，大家好"的时候，另外还有一句话，有些人根本不是我的同仁，一天到晚想搞我，你要清楚这两层意思。

世界不可能一同，但是偏偏有一种人，是一同的。他们的那种思维方法，那种思路就叫作一同。这种人在欧洲是德国人，在亚洲是日本人（图7-1）。日本人最老实，他们的国旗中间整个圆滚滚的，里面也没有两样，这种人叫作"没有脑筋"。凡是跟日本人打过交道的，都知道日本人是"没有脑筋"的。他们的团队精神最高，非常有一致性，只会讲一句话：是、是、是。日本人非常简单，只要你是我的前辈，你所讲的话都对。

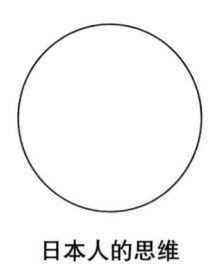

日本人的思维

图7-1

有一次我在欧洲碰到一群日本人，我就问："你们年纪都差不多，哪个是前辈？"大家说："他、他、他。"我说："你是前辈，那你大他们多少？"他说："一点点而已。"在日本，你只要比他早进来一年，你就是前辈，大家都听你的。日本人完全是年资序列，谁的年资高，就听谁的，他们跟美国人是不一样的，就是因为思路不同。

所以，大家应该知道，什么叫美国式管理，什么叫日本式管理。美国式管理不讲年资，只讲能力，谁的能力好，谁跳得快。日本人是讲年资的，谁先进来，谁先升。因此，在日本，某个人当了社长以后，跟他同年龄的人全都退休，这是他们了不起的地方。我们五个人一起进来，等轮到我们这五个里面有一个人当社长的时候，其他四个通通退休。我去访问过为什么要这样，他们说很简单,让当社长的这个人好做事,如果其余四个还在这里,他就不好做事。这点,中国人是做不到的。老实讲,思路不是说你想学就能学得到的,因为《易经》已经变成我们中国人的文化基因,一代一代传下来了。

日本人是老大说了算,你年资比我高,我就听你的,他们非常单纯,没什么复杂的。但是我们现在最多的是二分法,英文叫作"clear cut",一刀两断,它的代表就是是非分明。现在我们都喜欢是非分明,经常说"对就对,错就错,不要含混",其实这种人是很糟糕的,叫作死脑筋。我们的教育就是在把原本很灵光的头脑教死了,而且通常学历越高的人,脑筋越死。

老实讲,人类是没有能力是非分明的,不要骗自己。无三不成礼,我讲三句话,大家就清楚了。

第一句话,我们的认知很有限。哪怕你拿了几个博士学位,还是认知很有限。懂天文的不懂地理,懂地理的不懂艺术,就算艺术懂了,体育还是不懂。没有什么认知无限,当然也有普遍了解的人,但是很少。

第二句话,我们的选择能力很薄弱。你这辈子只需选一个,结果七选八选都没有选对。我们最常讲的一句话,叫作"早知道"。"早知道当时就不这样了",就是因为不知道、选错了,才说早知道便会怎么样。可是又有什么用呢?

第三句话,我们的判断能力很差劲。是非不明和是非分明,同样都是判断能力差劲的表现。

一个人认知有限,又不会选择,也不会判断,凭什么说谁对谁错呢?这是现在的教育非常糟糕的地方。

美国人是非很分明（图7-2），他们是讲法的。如果A大于B的时候，B就不见了，整个变成A；如果B大于A，A就不见了，整个变成B。这叫作少数服从多数。美国人是少数服从多数。他们要通过某项法律，比如开车要系安全带，老百姓也是抗拒的，但是一旦法律通过了，大家都会照做。因为他们的脑筋就是这个样子，所以可以实施法治。要定立什么法律，大家都来抗争，抗争到最后总有一个决定，一旦决定了，所有人都会服从。

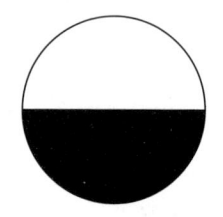

美国人的思维

图7-2

中国人的脑筋是这样的（图7-3），非常麻烦。所以要管中国人，比什么都难，因为他们的脑筋很灵活。中国人的这种思维叫作一分为三，我们会把阴阳两个看成三个，大家从这里去体会二生三，应该比较清楚。

中国人的思维

图7-3

西方人是一分为二，他们会从两个答案中选一个。比如你问美国人明天的会议要不要去，他只有两个答案，一个是要，就去了；一个是不要，就不去了。如果你问中国人同样的问题，他不会说要，也不会说不要，而是到时候再说。所以有一本书说中国人你为什么不生气，答案太简单了，因为气死活该，谁管你。

我研究了四十年，发现中国人的这一套最好不要丢掉，更加不能改。丢掉，就太可惜了；改了，我们就糟糕了。天底下最好的东西就是中国人的这种思路，你还去改什么呢？

不管你讲什么，我都相信，或者不管你讲什么，我都不相信，这两个是一样的，叫一分法（图7-4①）。美国人是听到一句话，就开始去研究、判断，经过自己思考，认为对的，他就说对，认为错的，就说错，这叫二分法（图7-4②）。其实二分法是最糟糕的，因为对会变错，错会变对，时一变，它就完了。所以美国的这个时一变，它就措手不及，没有办法去应变。美国人最差的就是应变。

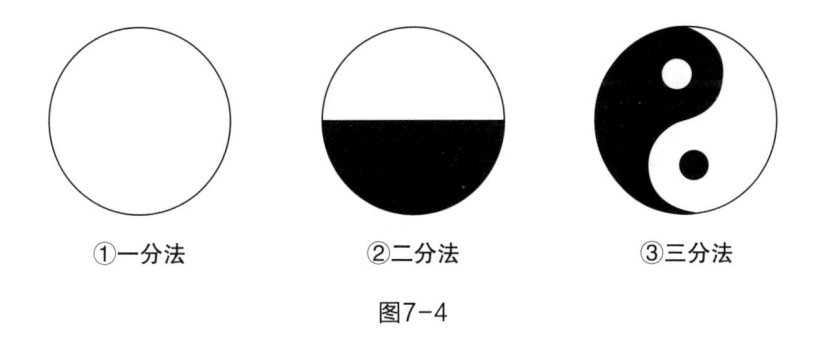

①一分法　　②二分法　　③三分法

图7-4

中国人不会你讲什么都相信，也不会你讲什么都不相信，这叫三分法（图7-4③）。你讲什么是你家的事，我怎么想是我的事，我这次认为对，下次可能认为错，因为不一定。本来一切都在变动，对错是很难讲的。三分法是最麻烦的，但是最灵光，而且最适合现实。

"时也，命也"，什么时候要讲什么话，什么时候要做什么决定。明明是对的，只要时不对，那就是错的。所以说，中国人不可能完全实施法治，是有道理的。比如你去申请，他说于法不合。有些人听到于法不合就走了，那是美国人，中国人不会。他说于法不合，你会再来，所有人退走了，剩下你一个，就合法了。这就叫赚死了，他就是用不行不行，来逼退很多人，最后剩下一个，就地合法。

我们的法本身就很有弹性，再加上执行的人也很有弹性，而一切都有弹性的时候，其实也并不是好事。大家不要急，中国人走了一条比法治还要好的路，是我们没有读通而已。儒家讲礼治，礼其实就是道理的理，但是儒家用了礼义廉耻的礼。很多人说法家跟儒家不一样，实际上法家就是儒家，儒家就是法家，没有什么不一样。

为什么中国人会这样？就是说你看它相同，它就相同；你看它不相同，它就不相同。一件事情，中国人要支持你的时候，他可以讲一百个理由来支持你；但是反对你的时候，他同样可以讲一百个理由来反对你，事实就是这样。同样一件事情，两边的看法，讲出来都非常有道理，因为道理本来就是变动的。

所以你碰到老板，一点儿办法都没有，你的道理很好，他说你这么好的道理为什么现在才讲，你老早就应该讲了，真是没良心。你如果早讲了，他也会说，还用你讲，我也知道。中国话是怎么讲都对的，因为道理本来就是圆的。老板喜欢你，你什么都对；老板不喜欢你，你怎么都错。

请问大家，老板出来开会，如果嘴角有一颗饭粒，你敢不敢讲？如果你说"老板，你嘴角有颗饭粒"，他拿走以后，心里会想：你这个家伙，我前两天轻轻骂你几句，你现在就报复了，在公开的场合让我难堪。他不会认为你对他好。但如果他恰好看你比较顺眼，他会觉得幸好你告诉他，不然难看死了。这是事实。爱者欲其生，恶者欲其死，通通有道理。

再比如公司里面着火了，你用很多水把它浇灭了，有没有功劳？中国人所有的事情答案只有一个，叫作很难讲。如果老板喜欢你，就会说，星星之火可以燎原，幸好你扑救及时，否则整个厂房都烧掉了，记大功。如果老板不喜欢你，会说那么点儿火花，吐口水就灭掉了，你却小题大作，地板烂掉谁赔？大家看，怎么讲都对。我们真的要好好去了解一下。

中国话没有subject（主语），没有predicate（谓语），没有tense（时态），有人说不成熟的语言才会这样。其实这些人恰好想错了，成熟的语言才不需要文法。

我再三举这个例子，美国人只要讲yes（是），他就是肯定的；只要讲no（不是），他就是否定的。所以他讲yes（是），下面一定是"I think so（我也这么想）"；讲no（不是），下面也一定是"I don't think so（我不是这么认为的）"。他们就是不能变通，死板板的，因为他们的语言是死的。

中国人就不一样了，刚开始说是，看你脸色不对，马上就改口成不是了。随时可以转换。这是我们的思维。比如，有人问你王老师讲课讲得怎么样，你说他讲得好，一看对方的脸色不对，马上说不过讲了半天，也不知道在讲什么。这就是孔子教我们的察言观色，讲话的时候眼睛看对方，如果不对劲，赶快转过来。大家想想看，中国人是不是这样？

西方人听到一句话，会就这句话来论对错，对就是对，错就是错，非常清楚。中国人听到一句话，先问是谁说的。如果是他说的，那就对；如果是你说的，那就不对。这才是标准的中国人，见风转舵，随机应变，否则死路一条。最近很多人都说"哎呀，我就是讲实在话才到这个地步的"，让大家都很害怕，什么都不敢讲。可是你的官那么大，敢说无可奉告吗？官小还尚可，你也不能拿他怎么样。官大还说无可奉告，赶快下台换人。

在中国社会只要讲清楚、说明白，那就是死路一条，因为它永远有转弯。比如发生泥石流，到底是大事还是小事？如果你说是大事，他会说连那个都算大事，你这么没有魄力，以后怎么办？如果你说是小事，他会说这都叫小事，那什么才叫大事？

这样的例子实在太多了。我以前在交大教书，新竹市长是交大的校友，他请我去讲课，我说要怎么样怎么样，他马上跟他的部属交代："曾教授讲得很对，马上去做。"部属说："做是可以做，但没有预算。"这位市长说："没有预算，该做的也要做。"这才是标准的中国人。

实际上，中国人从来不相信这些，你要做事情，他说没有预算。预算在哪里？预算在你的口袋里，如果要就拿出来，就有预算；不要就不拿出来，就没有预算。这样大家就会知道，我们选举的时候都说要把"牛肉"丢出来，就是你的政见在哪里，有什么政令，有什么政策，其实那些全都是骗人的。你把大家集合起来，讲自己的政见是什么，没有人听。中国人是不听政见的，为什么？答案只有一个，反正什么人讲的都不算数，还听什么，吃饱了闲的。

时位不同随机应变

中国人在国外是一回事,回到国内又是另一回事。你到国外去看中国人,一个个排队排得整整齐齐,你去访问他,说你也会排队,他说我怎么不会,在国内是不想排而已,就这么简单。一回到国内,就是不排;一到国外,规规矩矩排。可是同样规规矩矩排,我们的花样也很多,美国人每次都看得莫名其妙。同样一块儿进来的,不到五分钟,中国人都跑到前面去了,美国人还在后面。你说这叫投机取巧,我不相信这种话。

请问大家,什么叫投机取巧,什么叫随机应变?这两个长得一模一样,所以中国人很简单,我做的,叫随机应变;别人做的,通通是投机取巧。大家要接受这个现实,因为你无法改变。我们处处有规定,样样有制度。比如买票的时候,孩子超过一定高度要买全票,低于这个高度可以买半票,清清楚楚。不想给孩子买全票,就跟售票员吵起来,售票员说:"小孩子不懂事,你也不懂?长那么高,要买全票,还啰嗦什么?"有人就拉拉他的衣服说:"那个是你侄子,你没戴眼镜吗?怎么没认出来。"售票员看了看,发现是自己的侄子,就说:"不会蹲下去吗,挺那么高干什么?"他马上就变了。

其实,中国人只要不牵涉到自己的利害关系,仁义道德讲得清清楚楚；一旦牵涉到自己的利害关系，狐狸尾巴整个都露出来了。大家谁也不要笑谁，都是一个样，因为阴会变阳，阳会变阴。在学校最规矩的，出去变得最坏；在学校调皮捣蛋的，出去变得最好。这样的例子太多了。为什么？在学校调皮捣蛋的，到了社会上就知道，长久看起来调皮捣蛋是没有好处的，不如规规矩矩。可是在学校规规矩矩的，到了社会上以后，可能经常吃亏，以致于对自己失去信心。一个老实人，最后就是因为老实吃的亏太多了，才对老实这两个字失去信心，变得比谁都不老实。所以孔子告诉我们，你要老实，就要使自己对老实有信心，要不吃亏。

其实，整个中国哲学归纳起来就四个字，叫作明哲保身。可是很多人一听到明哲保身就翻脸，认为是消极，是逃避。很简单，如果你连自己都保不住，还能怎么样？还能保谁？《易经》很多地方讲到明哲保身，也就是一个人在什么时，在什么位，如何做才会得中。说起来就是三个字：时、位、中。**一切都是看你自己的情况，做合适的调整，然后试试看，不对再马上调整。**

所以，我们有三句话，大家好好去领悟。第一句话，很难讲。第二句话，看着办。第三句话，平常要广结善缘。否则，到时候就没有人救你。不管是日常生活，还是工作职场，能帮助人家就要帮助人家，因为你永远不知道自己什么时候会碰到什么事情，而可能平常你帮助过的人，刚好可以帮到你。

讲到这里，大家就了解了，为什么中国古人会把佛家引进来。这里我用佛家，没有用佛教，大家要注意。就是为了最后变成儒道释三家，使其通通成为中华文化重要的内涵。拿学生来讲，考试之前通通是儒家，做好充足的准备，这次一定要通过。想必没有一个人考试之前会希望自己通不过。可是一进考场，一看题目，真糟糕，我会的，老师都不出；我不会的，他偏出。这时候道家就出来了，我会的，少写一点儿；不会的，多写一点儿。现在年轻人不会就交白卷，老师非常火大：半句都没写，怎么给你分数？

这个道理，我们以前都懂，会的少写一点儿，因为多写也没有用。不会的，写得密密麻麻，而且还要写得清楚整齐，老师一看，没有功劳也有苦劳，不能给十分，那就给七分。这样七分就拿到了，而且最后分数还很高。现在的年轻人会的一直写，最多十分；不会的一个字都不写，零分。这是不是死脑筋呢？所以，现代人是越来越聪明，还是越来越不聪明，大家自己去想好了。

一个人绝对不可以投机取巧，因为那是死路一条，但一定要随机应变，否则也是死路一条。这就是一阴一阳之谓道。怎么找到一个平衡点，难就难在这里。我们在考试之前，一定是儒家；考试当中，是道家；考完了，就变成佛家了。因为结果已经定了，零分就零分，也改变不了，所以我们并不会觉得怎么样。中华民族是不会自杀的民族，就是因为到最后都是阿弥陀佛。做都做了，也不能改变，那就接受这个事实，阿弥陀佛。

三分法思考二分法决断一分法执行

《易经》给我们很多很多的东西，我们现在来做一个假设，如果你是皇帝，御驾亲征，所有的干部都表现得非常好，你回去怎么办？两三个月下来，谁是君子谁是小人，你心知肚明。偏偏君子认为自己合理表现就好了，所以不管你在不在，都是同样的表现。但是小人不一样，好不容易皇帝亲自出来，机会难得，所以表现得比谁都好。如果你回来，是非分明，认为他是小人，表现得再好也是在骗你，于是把他杀了，那你就完了，以后再带兵出去的时候，没有人会认真做事，因为做得好，你会把他当作小人，那不糟糕了？如果你回来，不管是小人还是君子，有功就赏，通通升官，你也完了。《易经》告诉我们的答案非常高明：你看他是小人，但不要说出来，否则以后没办法带人。怎么做呢？君子升他的官，小人重赏他钱。非常高明。因为升官是一辈子的，牵涉众多，君子升上去会造福百姓，小人升上去只会害死更多人。你赏给他钱，了不起就是国家花一点儿钱而已。

可见，表面上看它是平的，实际上是不平的。记住，**公平就是不公平，不公平才是真正的公平**。本来就是两种人，一个君子，一个小人，可是你当皇帝，就是不能讲出来，否则以后没有办法带人。同样，职位越高的人越不可以把心里话说出来，基层人员爱怎么讲就怎么讲，无所谓，因为根本没有人理他。凡是那种很敢讲，把话讲得很清楚的人，都没人理，讲到死也没用。大家可以慢慢去看，中国人官越做越大，嘴巴越来越紧，否则嘴巴一开就出问题。很多人不讲话的时候，好像不存在，只要一开口，大家发现原来他还在，他就不在了。这是事实。

大家有没有发现，其实三分法思维是包括一分法和二分法思维的。美国人想学中国人，很困难，因为他们的脑筋不够长，也弯不了。（图7-5）所以老实讲，就算美国人再怎么学中文，学到最后还是没有办法搞清楚。他听不懂你在讲什么话，因为中国人讲话经常是没头没尾的。

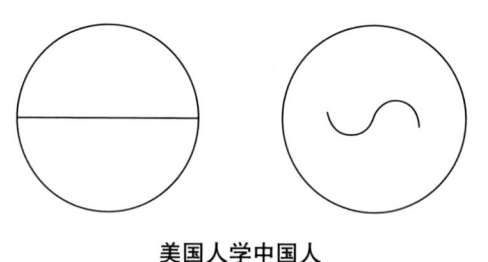

美国人学中国人

图7-5

如果你到美国去看看中国人的第二代，那更妙。我的一个同学，他的孩子是学医科的。我们吃饭，他的孩子赶来，说在学校杀人，所以才迟到了。我们一听就知道，他的意思是解剖，用词跟我们的就是不配合，你能有什么办法？

日本人喜欢学中国人，那很简单，因为他们一共就这么多，不得不变小。（图7-6）所以，中国的东西到了日本通通变小了。但是，中国人要学美国人，太简单了，把中间的线拉长就可以了。中

国人要学日本人，更简单，转两圈就好了。（图7-7）

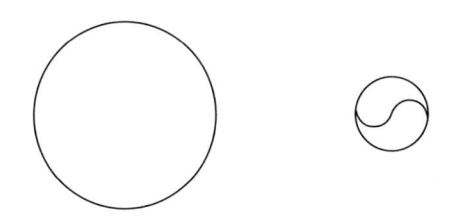

日本人学中国人

图7-6

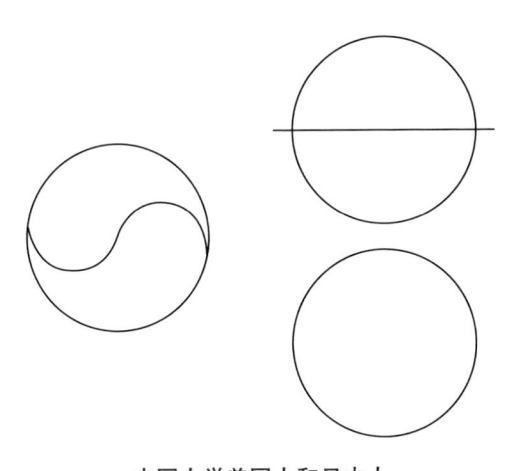

中国人学美国人和日本人

图7-7

实际上，全世界包容性最强的就是中国人的这一种思路，我们这次要将它发扬出来。因为全球化以后，必须要有一种文化可以把所有的文化都包含在里面。那么，只有我们的《易经》可以做到。

怎么做呢？**用三分法来想事情，用二分法来做决定，用一分法来执行，什么问题都化解了。**这才真的是《易经》的思路。当我们面对一件事情的时候，要多方面去考虑，两方面都兼顾，四面八方听一听，这些都需要时间，所以不能快，尤其是急事，更要缓办。但是当做了决定以后，就是一刀两断了。讲到这里，大家应该知道我们现在的问题在哪里，就是用二分法来做决定，然后事后乱糟糟，因为那是错误的。

我当老板，在没有做决定以前，是很民主的，完全听大家的意见，对错没有关系。但是一旦决定以后，我是很专制的，那时就没有什么民主可言了。现在我们刚好相反，没有做决定以前，大家不说话，都在等你说，一旦决定了，大家七嘴八舌都来了。这样永远没有办法做事。

中国人所有事情都是一句话，叫作一兼两顾。这句话是没有办法翻译成英文的，因为他们根本没有这种思路，听也听不懂。中国人永远是一兼又二顾。你说我民主，我很民主；你说我专制，我很专制。次序最重要。所以《大学》里面有一句话，叫作"知所先后，则近道矣"。先后次序搞错了，那就完了。没有决定以前，我听大家的意见，什么话都可以说，我绝对不会排斥，但是一旦做了决定，任何人都不要说话，就照决定去执行，这时候不要再给我提东提西的。我们一直是这样做的，只是后来都选了二分法，实在很糟糕。

我在交大教书，老实讲，交大的学生都是很聪明的。考试的时候，我是分两次，首先是刚上课就考试，然后最后再考一次，两次拿来比较。第一堂课我会发一张白纸给所有的同学，我说我出三道题目，大家好好回答。第一个，你这学期打算拿多少分，你自己说。你写多少，我就给你多少。第二个，你凭什么拿这么多分，你自己说。你说得出来，我就给你；说不出来，不要怪别人。第三个，你到底想学什么。这样，学生拿我一点儿办法都没有，否则的话，他会抱怨你，该教的没教，不该教的都教了。就这三道题目，他们搞了两个小时，刚开始写六十分，后来不行，七十五分，不行，改来改去，还没有做好决定。

期中考试我也是每人发一张白纸，出了三道题目。第一题，你这半个学期，认为最重要的三个问题是什么，随便写。第二题，解答刚才写的三个题目，自己出题自己答。第三题，把分数打好交给我。

所以，什么叫无为，清清楚楚。我无为，他们忙得要死，我是这样出题目，但照样会给零分，学生不服，就来找我。说自己都按照要求写了，怎么还得零分。我说，你那三道题目都是我没有教的，可见你根本没来上过课，当然零分。他就没有话讲了，而且心服口服。还有五十分的，更生气，问我为什么给五十分。我说，你那三道题目都是我讲过的没错，但都是同一个礼拜讲的，可见你其他几个礼拜都没有来。他说来了。我说，那你应该照顾自己，把它分散一点儿，怎么老出一周里面讲的内容。他也没有话讲了。而且，我叫学生交卷的时候，都按照学号排好。所以我的学生很多，但是记录很快，因为他们自己都整理好了，而且成绩都打好了。

有一次，我问他们："如果你成绩很好，你的同学都说你成绩这么好是怎么读的，你会怎么回答？"有的同学很正经，说："我会告诉他，上课注意听，下课到图书馆找参考资料，考试前充分准备，成绩才会好。"我就跟他讲："你的人际关系很差。"他说："老师你怎么知道？"我说："你的答案就表示你的人际关系很差。"中国人最讨厌听这种真话。别人问你"你成绩很好是怎么读的",你立即说这样那样,他心里头会想:稍微赞美你一下,你就以为是真的,还说了半天,其实你的成绩有什么好的?你就完了。

大概上了半个学期以后,我再问同样的问题,因为这样才知道他有没有进步。"人家说你成绩很好,你怎么回答?"他就改变了,说运气很好。我说:"你的人际关系改善了。"有一个完全死脑筋,他说:"老师,这样不对,我们是在骗人。"我说:"谁知道你骗人?你说是因为运气好,大家没有一个人会相信。什么运气好?你是上课注意听,下课去找资料,考前充分准备,才成绩好,你没讲,但是大家都知道。"中国人就是这样,你不讲,他都知道;你讲了,他都不信。

我提醒一下大家,要跟中国人讲话,最好让他自己讲,你不要讲。闽南话中有两句说得很好,让他讲,看他怎么讲。第一句话,让他讲。为什么?因为他讲的算,你讲的不算,所以会讲话的人都是让对方讲,自己不讲,你讲了也没有用,他根本不会听。第二句话,看他怎么讲。中国人的话是用看的,不是用听的。话怎么看?看他怎么说,看他在说什么,这最厉害。大家慢慢从这里去体会。

现在,我们讲尊严讲得很多。什么叫尊严?就是自主性。一个人没有自主性就没有尊严,所以中国人老是我说的算,你说的不算,道理就在这里。要是跟中国人相处,只有一个办法,叫作会设计。中国社会,就是大家设计来、设计去,设计到大家都高兴,轻松愉快,因为我们是一阴一阳之谓道的民族。比如你当主管,工作给他做,他气得要命:老找我麻烦,不会找别人做?可是如果不给他做,给别人做,他也气得要命:看不起我,认为我不会做吗?这就是一阴一阳之谓道。

西方人给谁做就给谁做，中国人就是不可以。我在年轻的时候就懂得这些道理了，所以一直当主管当得很轻松，上面交代我一件事情，我心里知道给谁做合适，但不会讲出来，因为讲出来他是会抗拒的。大家将心比心就知道了，你的主管交给你新的工作，你会接受吗？不会。如果你哪一天去跟你的主管说："主管，有什么新的业务让我做？"所有人都怕你，认为你不安好心。可见，你有诚意很好，但有时候也很糟糕；你没有诚意，那更糟糕。中国人是心里有数，但不能讲。

我要给老张做，就把老张请来，说："我知道你很忙，但是这个工作我想了半天，不知道给谁做比较好。我没有要你做，只是请你帮我一个忙，替我想想给谁做最好。"十有八九，他会说"宁可我做"。我说："那你忙得过来吗？"他说："还好。"我说："你千万不要太累。"他就拿走了。一二三，问题就化解了。第一句话，你帮我想想看这个工作给谁做比较好，他的答案经常都是干脆我做算了。第二句话，你那么累，忙得过来吗，他说还好。第三句话，千万不要太累，否则我心不安，他就拿去了。简单明了。现在都是这个工作一定要他做，他说为什么要我做，我已经够忙了，要我做，那我拿一个跟你交换……没完没了，还搞得都不愉快。

中国人就是这样，你的话讲得太直，他就开始怀疑你。长久以来，我们误会了孔子所讲的直，其实两点之间曲线最短，而不是直线。所有的学问都在太极线上，这条太极线是非常高明的，但是我们读书都读错了。做人要诚实，做人要实在，这些话我们都解释错了。

孔子的话，现在全世界都在讨论，比如"父为子隐，子为父隐"，你爸爸偷了人家一只羊，警察到你家问，你要怎么回答？孔子说，你要跟警察讲，我爸爸不是那种人，他绝对不会偷羊。现在全世界都在讨论这个问题，说什么孔子撒谎，明明是你爸爸偷的，为什么要说爸爸不会偷。

孔子说，爸爸做错事情，儿子要替他隐瞒；儿子做错事情，爸爸要替他隐瞒。作为爸爸，你的儿子从外面逃跑回来，后面有人追过来，说你家孩子偷我的东西，如果你说是，那你儿子恨死你了，他说都是我爸爸教我的，你岂不更惨？所以爸爸应该说，我儿子不是那种人，你回去搞清楚再来。然后等他们走了，你把门一关，就开始骂了："怎么回事？又偷人家东西。"中国人永远是两边人，这边讲一种话，那边讲另一种话，这叫一阴一阳。

你爸爸偷了人家的羊，你会主动到派出所举报吗？那你从此就不要做人了。连爸爸都会出卖，谁还会觉得你可靠呢？其实孔子的答案很简单，你爸爸偷了人家的羊，别人迟早会知道，用不着你当儿子的出面，因为邻居就去举报了，你那么急干什么？这是非常简单的道理。

我是学工科的，接受过比较完整的科学系统思维，所以才会把《易经》看似这么乱七八糟的东西整理出来。其实《易经》条条有理，但以前都是学文的人，在文字上面七搞八搞，搞到最后永远跳不出来。当然，这不是说学文的不好。《易经》告诉我们，含含糊糊不是糊里糊涂，这两个是完全不同的。难得糊涂，但是不能真糊涂。大家要从这里去体会。

八 中华民族的《易经》智慧

- 中国人最讨厌是非不明的人,最不喜欢是非分明的人。
- 现代化管理,就是把原来人做的事情交给机器去做,而把机器做的事情交给人来做。
- 现代化管理使人丧失了人格,只剩下可怜的位格。
- 不管你在什么位置,都要记住自己本来是个人,虽然现在在这个位置,但随时会变动,不要太骄傲。
- 差不多,是最能够舒缓压力的。现代人压力很大,就是因为来自外在硬性的规定太多。

一分为三简单有效

大家看下图（图8-1），第一个叫作一分为二，它收不回来，是二分法。二分法是人类最可怕的一种思维，因为不是这个就是那个，不是我死就是你活。所有东方的民族，如果实施两党政治，一定完蛋。二分法是非分明，没有什么好商量的，但是我们基本上没有这种能力，不要骗自己。第二个叫作一分为三，中国人最高明的就是会把一个东西看成三个。明明是两个，怎么是三个呢？很简单，把当中这个扩大一下，就变成三个了。

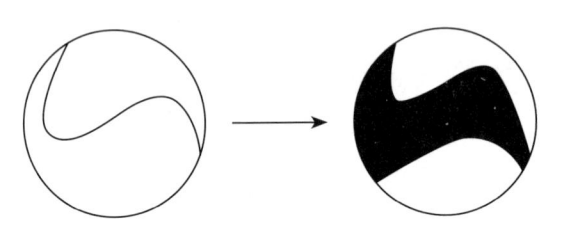

图8-1

大家有没有发现，科学越发达，灰色地带越大。以前灰色地带还没那么大，现在灰色地带越来越大，我们这里把它叫作中间选民。这一次投票，你要投谁，还不知道。凡是说还不知道的就是我知道，但不告诉你。凡是说我是无党无派的，就是有党派。这样去了解中国人，就很轻松。

一分为三，叫三分法。《三国演义》之所以那么脍炙人口，就是因为它是三国，如果是两个，就没有什么好看的了。这个是中国人最了不起的地方，叫作二合一，但这个不是是非分明，也不是是非不明。

记住，中国人最讨厌是非不明的人，最不喜欢是非分明的人。我们是世界上唯一的，叫作是非难明。这样大家才知道，为什么中国人回答所有问题都是一个答案：很难讲。本来就很难讲，没有一样好讲的。是非本来就难明，所以要大家慎断是非。我们充其量只能慎断是非，无法是非分明。而且像二分法的情形很少，多半都是阴中有阳，阳中有阴，对的人也有一点儿错，错的人也有一点儿对，这才是事实。闽南话有两个字用得非常好，叫作加减。你有错吗？加减。你对吗？也是加减。加减这两个字非常厉害，你找不到一个全部对的人，也找不到一个全部错的人。一个巴掌拍不响，就是在讲这个。

比如，老师监考，学生作弊，谁的错？都有错。如果老师很严格，谁敢作弊？中国人最讨厌的不是很严的那一种监考老师，而是这一种，他一来就坐在那里看报纸，好像不太管你们，你们可以作弊。但是一旦你作弊，他立马就抓你。因为他的报纸有一个洞，谁作弊看得清清楚楚。这样的老师，你恨他一辈子。如果你摆明了很严，我们就不会作弊了；如果你要松，那就松到底。但是你却假装很松，造成我们作弊的机会，再来抓我们，这种监考老师最讨厌。大家从这里慢慢去体会中国人的想法。

日本人是一分法（图8-2），他们团队精神最高，服从性最强，而一旦决策错误就是最惨的。所以日本人最怕决策错误，他们认为决策错误比贪污腐败还可怕。中国人不会，我们决策是决策，执行是执行，根本是两码事。你决策错误，我照样可以不做。有很多话对中国人是没有用的，比如决策错误比贪污腐败还可怕，这种话在中国社会是不成立的。所有中国人都是这样，你讲归讲，我听归听，我不相信你，因为听了也是死，不听也是死。

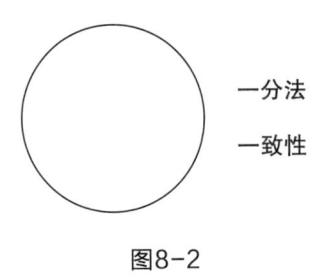

一分法
一致性

图8-2

比如，这件事情你做错了，老板问你为什么这样做，你说我都是照你的规定做的。老板说，你通通听我的规定，就是奴才了，知道不对，就要讲。他会讲出一大堆理由。如果你不听，那更惨，老板会说，讲得那么清楚，你都没在听，我还讲了干吗？听也死，不听也死；做也死，不做也死；做快也死，做慢也死，这才是中国社会。现在很多年轻人一听这个就头大，觉得干脆死掉算了，那才真叫没救了。

大家听到这里，应该慢慢知道为什么我们都讲中土很可贵。要做人，一定要做中国人。中国人是很难做的，稍微不对劲儿就造成很大的问题。但是只有这样，你才有磨炼的机会。如果做美国人，一辈子一下就过去了，没有什么收获。中国人不同，因为过不了多久，他就会搞得你乌烟瘴气，其实这样你才有了很多修的机会。

你最应该感谢的，就是这一生都碰到很难应付的老板，这是最大的福气。如果你的老板都很爱护你，关心你，替你想，那你一无所有，完全白费时间。**就是碰到了难应付的老板，弄得晚上都睡不着，你才有修的机会。**可见，很多人的想法完全是错的。要有爱护自己的父母、师长、老板，那这辈子就白过了。就好比清汤挂面一样，什么都没有。现在的人只有历练，没有磨炼，这是最遗憾的。任何东西不经过磨，根本不成器。

我们家是这样的，爸爸每天晚上七点钟，就拿出他的茶杯坐在椅子上，用杯盖轻轻地敲茶杯，全家人都开始紧张。谁有错，谁就赶紧去坦白，坦白从宽。是不是你做得不对，就开始检讨，检讨够了就回去睡觉。爸爸也没有做什么，他就是定时给你敲，只要你不出来，整夜都别想睡觉，他就有那个毅力。你只能乖乖地快去检讨，不然觉都没得睡。他这个方法非常有效，而且还很简单。

当初刘邦为什么能在不占优势的情况下，最终打败项羽，就是他约法三章。约法三章，简单、明了、有效，你非做不可。讲一大堆，永远做不到，有什么用呢？

什么叫作三？一分为二，二合为一，有进有退，就叫三。（图8-3）闽南话叫作有抽退，非常有意思。中国人经常说话不算数，因为事情经常在改变，说话怎么能算数呢？

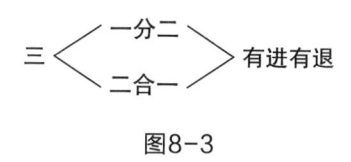

三 ⟨ 一分二 / 二合一 ⟩ 有进有退

图8-3

因此，我们就要天地人三阶层相互配合。一分为三是最喜悦的。大家静下心来听"一二三"的发音，它们的不同在哪里。一，太少了；二，还不够；三，最灵活、最神妙，令人心生喜悦。比如，一天吃三餐也是有说法的。大家如果去过庙里，会发现有的庙里有一只猴子被罚站。为什么？上天叫那一只猴子来给人类传达信息，说"一天梳三次头，吃一餐饭"，结果那只猴子传错了，成了"一天梳一次头，吃三餐饭"，才搞得人类乌烟瘴气。大家想想其中的深意，如果我们人类一天只吃一餐饭，省事又省钱，但是头要多梳几次，脑筋才会灵光。现在不是，我们一天只梳一次头，吃三餐饭，多操劳。所以那只猴子始终在那里被罚站。

我们中国人都是三省吾身，三思而行，三国鼎立，三人成众，孟母三迁，做人要三不朽，还有做坏事要三只手，都是三。《易经》画到三画卦，给我们很大的影响。大家好好去想一想，这都是有道理的。

差不多是最高智慧

前面我们已经讲过，中国人所说的神是指下图（图8-4）中间这一部分阴阳的变化。其实一眼看过去，你会发现所有东西都是差不多的，它的变化非常小，但是影响非常大。中国人差不多的观念就是从这里来的，而**差不多是人类最高的智慧**，但是被一本书整个抹杀掉了，那一本书就叫作《差不多先生》。

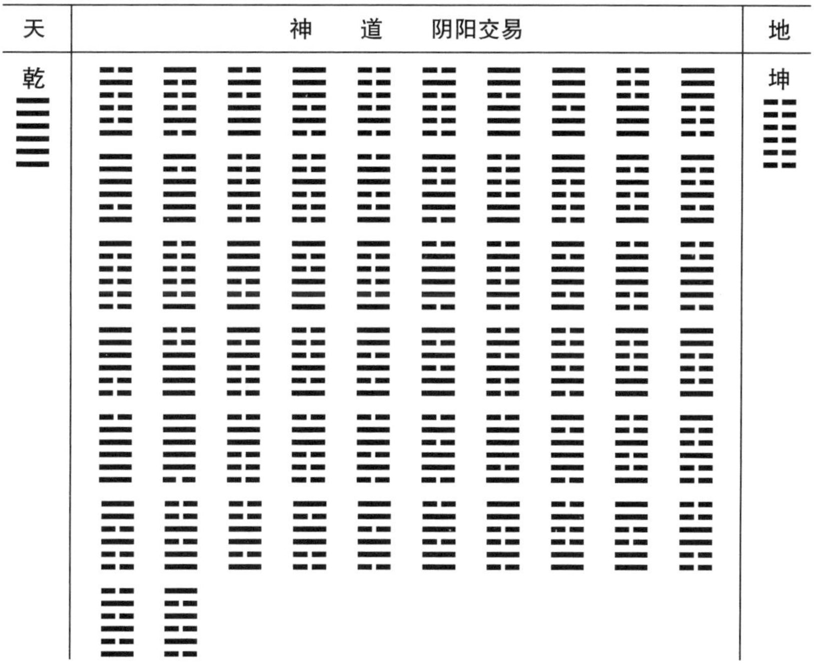

天 乾	神　道　阴阳交易	地 坤

图8-4

学科学的人都知道，品管有上下限，所有的良品都差不多，今天叫公差。（图8-5）比如所有的灯都差不多，虽不是完全一样的，但只要在公差的范围之内，我们都可以接受。实际上，差不多就是不能差太多，而那本书解释说，差不多就是差太多。好好的东西完全被扭曲了，非常糟糕。

```
         差太多
———————————————— 上限
   （差不多）（公差）
———————————————— 下限
         差太多
```

图8-5

举例来说，你想从我这里得到五千块，我给你五千块，你数了一下刚好五千块，你会说差不多。你想从我这里得到五千块，我给你三千五，你会讲差不多吗？一定是怎么差这么多。这都是我们日常生活中经常遇到的事情。当一个人讲差不多的时候，意思就是刚刚好。我们要从日常生活中的表现去了解中国人，不要被那些扭曲的东西带坏了。

我是学工科的，会刨木头。比如，当你刨得很好的时候，别人会说："你功夫怎么那么好？"你怎么回答？"差不多而已。"一个人书法写得很好，会说这张还差不多。还差不多就是很好的意思。因为中国人受《易经》的影响，不会说自己写得很好，都是差不多而已。

中国人不会让自己得满分，因为天道忌满，人道忌全。老天做的事情，就是你的水太多，他就把你的分给别人一点儿；你的山太高了，他就让它崩一点儿下来；你的口袋空空，他就让人家的钱飞到你这里一点儿。天道是忌满的，所以满招损，谦受益。

差不多要出乎自主性，要差不多还是差太多，由每个人自己去决定。大家慢慢会发现，中华文化是不给任何人压力的。我们现在是学了西方，才增加了很多压力，本来是一点儿压力都没有的。

很多外国人对中国人不了解。我在国外的时候，他们常常问我很多问题。第一个问题："你们没有礼拜天，没有礼拜六，一个礼拜七天都工作，是不是？"我说："是。"他们说："这样不会累吗？"我说："还好。"他们说："哪有这样的事情，我们一个礼拜工作五天都累得要死，你们工作七天不会累，一定是偷懒。"我说："我们工作很认真。"他们说："那更不可能。"我就告诉他们，中国人不管任何时候都很认真，但是随时可以偷一下懒。稍微偷一下懒就好了，那么认真干什么。这样去想，我们其实是进退自如的。你一限时，他的精神就紧张起来。我们现在就是不懂得这个道理。

我当主管的时候，跟部属是很容易相处的，因为我给他们很大的弹性。当我要叫他们写一个报告的时候，我会告诉他们，这个报告要给谁看，要写多少字，写完放我桌子上就好，不用找我。一二三，就完成了。现在不是，主管让部属去写个报告，他回去写了一千三百个字，你气死了，说写那么多干什么。然后下次他就知道了，写了三百个字，你又气死了，说写三百个字我怎么去跟人家讲。这是谁的错呢？部属常常很多事情做完就去找主管，根本找不到。我跟我的部属讲得很简单，人不在，放桌子上就好了。

我们现在都是没有抓住要点，搞得彼此都很累。你要把重点说清楚，而不是想到就做，没想到就不做，那是不可以的。我们一定要合乎人性，你有精力的时候就多做一点儿，累了就休息一下，都没有关系。但是现代化管理不容许这样，再疲倦也要硬撑，精神再好该下班就下班，搞得人像机器一样。我现在讲一句话，现代化管理，就是把原来人做的事情交给机器去做，而把机器做的事情交给人来做。大家好好去体会是不是这样。

比如，以前我们打电话到某一个地方，会有接线员告诉我们，某人现在在不在，或者我们有什么事情，他会给出答案。现在你打进去，都是机器在操纵，语音就开始念了，英文请按1，法文请按2，德文请按3，中文请按0，搞得你晕头转向。你按下0，它又开始念了，001董事长室，002总经理室，听得你整个人都快崩溃了，最后总算通了，却告诉你现在占线中。这就是电信局不怀好意，反正钱照收，打不通是你的事，你多打几次，他还能多收几次钱。电话本来是要让人家打通的，现在都是千方百计让人打不通。

请问大家，电话是让你打出去，还是让人家打进来？当然是要让人家打得进来。为什么现在不用人接电话而用机器，就是因为人总乱来。你有电话，没有事就拼命打，让别人都打不进来，这样的电话有什么用呢？所以你要跟你的同事讲，电话是要让你打出去的没有错，但是更多的是要让人家打进来。如果你要打出去，就长话短说，这并不是公司小气。你这样说，他就听懂了。如果你说少打电话，他心里会想电话费也不是很贵，那么小气干什么，你就完了。

讲到这里，大家应该很清楚，《易经》告诉我们，应该怎么样就怎么样。应该打，打一个小时也要打；应该长话短说，三句话能讲完的，就不要讲五句。这里面没有固定的规律，但现在机器通通是固定的，讲话不能超过三分钟，你的事情还没办完，它就挂了。现在很多东西的设置都是非常没有人性的，而人整天看整天用，也慢慢变得没有人性了。

自主性是合乎人性的，被动性是不合乎人性的，所以凡是发号施令的，通通不是好主管，因为你让部属没有自主性。现代化管理使人丧失了人格，只剩下可怜的位格。它不管你是什么人，只管你是干什么的，那就完了。大家想一想，现在的人有什么人格呢？比如很多公司行号寄信给你，上面都写某某君，我只要收到信写君的，通通丢掉，连看都不看。你凭什么叫我君，你连先生都不会称呼，我干吗要理你。称呼都不会，还能干什么呢？

我年轻的时候，上过很多课，教过很多学生。但是我发现我讲的很多道理没有传承下去，真是白教了。我给护士上课，说你们都是专业的，但是完全不懂得什么叫作人性，你们的眼睛里面只有病人，没有人。比如，今天王伯伯要打针，你会很早在外面叫："王伯伯，该你打针了。"王伯伯就开始在里面紧张起来了，还没有打，他就感觉已经快要死掉了。这就是你把他当病人，没当人。

应该怎么做呢？你进去说："王伯伯，医生说你的病已经好了，不必再打针了，不过他又交代说，如果你要更好一点儿，还是再打一针吧。"他就会开心地让你打，就差这么一点点而已。你为什么不这样做呢？其实病人很少是因为病而死，都是被医生联合护士整死的。身为医生，满脑子都是病人，没有人的存在，是不可以的。你要尊重他是一个人，而不是尊重他有什么职位。我们现在恰恰相反，他是总经理，你毕恭毕敬；他是清洁工，你就瞧不起。

其实我常常讲这个话，总经理一退休就变总不理。中国人是最清楚的，你现在在这个位置，是总经理；一旦卸任，所有人看到你，都假装没看见，能闪就闪，总不理。所以，要看一个人到底行不行，就等他退休以后，看他跟他的老同事是怎样一种互动方式。

我非常佩服台糖的一位总厂长，他退休十年之后，我有机会陪他回到老单位，好多人老远就跑过来，说："总厂长，您来了，太好了。"我说你做人很成功，要不然人家老远看到你，早就走开了，干吗理你。**人在的时候不知道是好是坏，退休以后别人对你怎么样，那是一目了然的**。《易经》讲得很清楚，不管你在什么位置，都要记住自己本来是个人，虽然现在在这个位置，但随时会变动，不要太骄傲。

差不多，是最能够舒缓压力的。现代人压力很大，为什么？就是因为来自外在硬性的规定太多。

下面讲的这几个是我们中华文化的特色，但是现在通通被污名化、被扭曲了。

第一个，马马虎虎不马虎。中国人讲马马虎虎就是很好的意思。"你的画画得那么漂亮！""没有，马马虎虎而已。""你很会做工作。""没有，马马虎虎。"当中国人自主性地讲出马马虎虎的时候，他是好意，没有恶意，但是马虎就是恶意了。"你怎么那么马虎"，就不是那么好听的话。马马虎虎就好，但是不能马虎，这两个要分开来。

第二个，糊里糊涂不糊涂。那个人糊里糊涂很可爱，但是一点儿都不糊涂。

第三个，差不多，不差太多。

第四个，自主才有尊严。大家好好去想一想，当一个人用二分法的时候，就是让别人没有尊严。

第五个，自动才合乎人性。

现在，我们都很喜欢把话讲得很清楚，其实这也是不对的。讲得那么清楚，没有一个人高兴。

我小时候上学每次回家，我爸爸都会问我今天有没有考试，考了多少分，我想大部分父母都是这样。我慢慢摸索出来，当我考得好的时候，回去不会先说，因为他反正会问，我急什么呢？如果一回来就说"我今天考得很好"，爸爸就很不高兴："考得好又怎么样，考得好是应该的。"如果我考得不好，我就要先说话："爸爸，今天老师考试了。"爸爸说："考得怎么样？"我说："全班都不及格。"我先打预防针。爸爸说："怎么会全班都不及格？"我说："老师也觉得很奇怪，从来没有过。"爸爸说："那你到底考了多少分？"我就拿给他看，我那一天只考了五十分，可是我爸爸跟我妈妈讲："你儿子考了八十分。因为全班不及格，五十分就是八十分。"他高兴得很。

该先说的一定要先说，该后说的就是不能先说。"知所先后，则近道矣"，就差在这里而已。你在外面做错事情，回家，要先分该说还是不该说。第一，有客人在，你绝对不能说，否则就是找死。爸爸心里想，在客人面前你这样说，叫我怎么说。客人在跟客人不在，对中国人来说，是完全不同的情境。第二，看看爸爸的脸色怎么样。爸爸很不高兴的时候你也不要说，可以先跟妈妈说。为什么要有妈妈？就是不能打扰爸爸的时候，可以去找妈妈。

我在交大教书的时候，也经常考我的学生："礼拜天回家，你爸爸说把阴沟清一清，你怎么回答？"他们都说："我会告诉爸爸，作业很多，没有时间。"我说："你爸爸会臭骂你一顿，功课多就不要回来，回来沾个酱油就走了，还回来干什么？"他们说："你怎么知道的？"我说："一定是这样的。"

我读大学的时候，回家，那时候我们都住在日本式的房子里，我爸爸说："你把阴沟清一清。"我说："好。"然后就开始去做作业。我爸爸说："叫你清阴沟，怎么做作业呢？"我说："先把作业做完再去清阴沟，手就不会脏。"我爸爸说："这样可以，那你要做多久呢？"我说："很快，大概四个钟头就可以做完。"我爸爸说："那么多作业？"我说："没办法，老师严得很，每天都要四个小时。"我爸爸说："那你好好做作业，我去清吧。"他清得很高兴，说："我这个儿子太好了，天天都有这么多作业，还跑回来看我。"差别就在这里而已，这就是懂得设计。

从现在开始记住，**讲也死不讲也死，设计了，都不会死**。后面还有一句话更重要，**做一个中国人要了解中国人的民族性，该被别人设计，就高高兴兴地被别人设计，不要无时无刻只知道设计别人，而禁不得别人设计**。现代人就是，我设计你可以，你要设计我，免谈。人家设计你是尊重你，这样就对了。当一个人跟你吞吞吐吐不讲实话的时候，你要知道他是在尊重你。但是现在都被污名化了，说他不老实，说他欺骗你。

大家想一想，当我们不说实在话的时候，动机是什么？中国人很少存心欺骗人。比如，太太上街买了一大堆东西回来，一看先生脸色不对，她马上讲今天很好运，东西都一折。其实都是九折。她是给先生面子，不是骗他。所以，**当人家不跟你讲实在话的时候，你要了解他的动机多半是在尊重你，给你面子**，你不要自己搞错了。现在有的人认为只要不老实，就是骗人，这就是死脑筋。

持经达变权不离经

请问大家，中国人变了没有？如果中国人变了，讲这套是没有用的。中国人是世界上唯一的，一方面一直在变，一方面永远没有变的人，这是我们最了不起的地方。西方人要么一直变一直变，变到最后不见了；要么不变不变，最后也不见了。凡是不会变，老是一个样的，就不能适应环境，最后被淘汰了。凡是一直变的，变到最后没有根了，也被淘汰了。**中国人最了不起的就是四个字，叫作持经达变。**"经"是常的意思，"变"是权变的意思。经是不会变的，权变了，但是不离经，所以叫权不离经。"离经"，用现在的话说，叫作离谱。你变得太离谱了，不会有结果。《易经》告诉我们，一方面要变，一方面不能变。**不变的是宇宙的自然规律，能变的是方法、形势。**

坦白讲，在有形的部分，中国人比谁都会变。我们是非常赶时髦的民族，比如任何一个都市，每一年盖房子用的建材都不一样。没有人说我要盖一个房子，跟我祖父住的房子一模一样。我们都是问设计师有什么新的建材可以用。我们的衣服一直在变，发型一直在变。凡是这些看得见的部分，我们一直在变。为什么？因为它们都是不持久的东西。中国人非常清楚，**凡是有形的、看得见的，没有一样持久；凡是无形的、看不见的，却可以一直传下去。**所以，无形的部分，我们一直没有变。

比如，我们孝敬父母会变吗？大概不会。现在很多外国人热衷于领养中国的孩子，他们有的甚至自己都有孩子。我曾经在广州访问过一个外国人，问他为什么自己有孩子，还要带别人的。他回答说因为孩子太少，想要多带几个。可见，我们普遍认为外国人不喜欢生小孩儿，其实大错特错。

我们总认为美国人对孩子很好很爱护，但就是不管教，也错了。美国的妈妈最常讲的一句话，就是不要做这个。我经常听到美国的小孩儿被妈妈骂不要做这个，不要做那个，跟中国人一模一样，世界上没有不管孩子的妈妈，大家不要错听那种话。

美国人很想生小孩儿，只是现代化让他们生不出来。现在男人的精子越来越少，女人不孕越来越严重，只要男人跟女人生不出小孩儿，人类就灭绝了。天气再好，水再好，没有用，现在是想生生不出来，为什么？因为只要你整天面对电脑，精子就会大量消失，而且坐着懒洋洋的，精子不动，无法自强不息。女人的卵子要厚德载物，但是不满怎么能厚德载物？男人的精子一次出来很多，拼命竞争，就是为了选出最好的那一个，而且卵子有一个很好的办法，就是当一个最自强不息的精子进去以后，它就封锁了，其他的一概进不来。

大家要把乾卦和坤卦好好研究一下，乾卦就是男人要经常变来变去，要有很大的弹性，因为男人要应付外界的变动。可是女性就不一样，坤元，只有三个字，叫利永贞，就是永远追随自己所看上的那个乾元，才会有利。

换句话说，地只做一件事情，就是不让天飞走。天一旦飞走，地完全没有用,因为那就没有雨下来了。现代科学研究发现很多星球跟地球一样,但不能住人,就是因为上面没有水。为什么没有水?因为它没有天。天什么事情都不做,但是有天就有水。天上面有一个太阳,能把地上的气吸上去,然后变成水降下来,它就做这个工作。地不说话,把这片天牢牢吸住就好了。丈夫是会跑的,太太要把他牢牢抓住,这是太太最大的功能。搞到先生跑掉了,那还有什么戏唱?道理就这么简单。

请问大家,为什么要男的一边,女的一边,这是什么道理?很简单,是为了安全。比如打坐,男的女的一起打坐,那就天下大乱了,因为你会说那是在打坐情况之下发生的事情,我不负责任,那还得了。所以打坐一定是男的一个地方,女的一个地方,都是为了安全、方便、有效。大家不要想太多其他的事情,这才叫作正本清源。我们这次讲《易经》,就是为了正本清源,恢复《易经》的真面目,因为它长期以来都被污名化了。

很多人说:"哎呀,你是讲《易经》的,给我的孩子算个命吧。"我说:"可以,不过我得先问你算命目的是什么。"他说:"算命还有目的?"我说:"有。你是希望我看得准还是看不准?如果你希望看得准,不要找我,我算命是看不准的。因为算命就是要看不准才有用。"你说我以后会当乞丐,你看得很准,那我以后就变成乞丐了?他给你算命说以后当乞丐,你就偏不做乞丐,这样算命才有用。真正去算命的人就是我偏不听你的,才能闯出一番新的事业来,听你的就完了。

还有一个,大家经常看到有人在算哪支股票会涨,哪支股票会跌。准不准?答案非常简单,大家都听他的,他就准;大家都不听他的，就不准。因为他说这支会涨，大家都听他的，都去买，它就涨了。如果大家不约而同，凡是他说会涨的，通通不买，它就跌了。

道理都是相通的。你去拜神，是你给神能量，不是神给你能量。他能给你什么能量？他是泥土或者木头做的，自顾不暇，还顾得上你？可见我们完全弄错了。人越拜，给的能量越多，香火旺盛，他就很灵。一座庙只要香火不旺盛，就完了，因为连它自己都保不住。岳飞庙就是很好的例子。我们本来是拜岳飞的，反而很少拜关公。可自清朝开始，完全变了。因为岳飞专门打金人，金人就是满清人的前身。清朝建立之后，认为汉族人如果一直这样拜岳飞，他们就糟糕了。所以，他们就用关公取代了岳飞，这招很高明。关公一起来，岳飞就很少有人拜，岳飞庙就倒了。

从现在开始，如果大家去拜神明，要说"神明，我来给你能量"，这就对了。如果说"神明，把你的能量给我，保佑我"，他心里会想我都很穷了，哪有能量给你？现代人的思维方向完全是错误的。拜神明的人越多，神明就越灵光，因为大家给了他很多能量，他就可以分给别人。可是，一阴一阳之谓道，有神的地方就有魔，神魔是一体的。当你去拜神明，让他很不高兴的时候，他就跑掉了。神明一跑掉，魔就出来了。所以，很多人到庙里头，刚开始是存心去拜神，最后都拜了魔，因为神被气跑了。

现代人连规矩都不懂，当你进入庙里的时候，不可以从中间的门进去，因为中间那个门是不能走的。你要从右边的门进去，然后上香，香多半也摆在右边，上完香，再从左边的门出来。千万记住，拜神之前先拜天。如果你不拜天就去求神，神是很尴尬的。因为你去求神，神能不能帮你忙，完全看天的脸色。孔子讲"获罪于天，无所祷也"，一个人得罪了老天，怎么求神明也没有用。神明的眼睛是看天的，你拜了天，再去求神明，神明就知道怎么应对。神明的耳朵听你说话，眼睛看天，如果天的脸色好，他就可以帮你；如果天的脸色不好，他也没有办法。

我们有一整套系统，比如左青龙，右白虎，这都是有道理的。其实所有的人都是靠右边走，不是说只有西方人才靠右边走。那么，请问大家，人为什么要靠右边走？就是因为人的心脏在左边。如果人的心脏在右边，那就靠左走了。可见，它完全是很自然的，并非人为。想想看，心脏在左边，你用左手拿盾牌，右手拿刀，才能既防御又进攻。那你靠哪边走？当然靠右边走。

男左女右是什么道理？假设你在马路上走，是让你的太太走靠人行道那边，还是走靠马路这边？如果一对夫妻在马路上走，先生走在马路这边，太太走在人行道那边，就表示这位先生是很爱护他的妻子的。如果先生走在人行道这边，太太走在马路那边，那么太太就时时处于危险当中，这算什么先生呢？这样去解释就完全通了，男左女右是自然的道理，因为她在你的右边，你比较方便照顾。

我们走路的时候，一定要让老板走正中间，当干部的千万不要去抢中间的位置。因为中国人都知道中间最大，这也是《易经》告诉我们的道理。比如照相的时候，一定要让老板坐中间。任何老板照公司团体照的时候，都是先看看自己是不是在中间，如果不是，他就会说以后再照，因为他没有坐中间。所以，好的总务人员一定会把中间的位置留出来，甚至还会做个记号，让老板不会坐错。而且这个位置一定是奇数，不是偶数。这样大家就知道了，为什么活着的人都要奇数，不能是偶数，因为偶数没有中间，只有奇数才有中间。

举个例子。有一次在南京,有一批人要刺杀蒋中正,蒋中正也是命大,那一天大发脾气,发到最后,照相都不去了。可是外面都准备好了,不照不行,大家就临时推出了一个人去坐中间的位置。这个人,就是汪精卫。结果他往中间的位置一坐,啪,一枪就打过来了。汪精卫的太太就跟蒋中正讲,做人不要这样,你要害他就害他好了,干吗这样设计。当然汪精卫也是命大,并没有死。那个开枪的阻击手老远就对准了位置,他也不认识谁是蒋中正,反正中间那个该死就对了。这样你才知道为什么中国人在街上走,三个人都往两边跑,没有人愿意走中间。站在中间的最早死,这是非常清楚的事情。你说我就走中间,那可以,中午吃饭你付钱。坐要坐中间,走要走中间,吃饭还要靠别人,那不是笑话吗?

《易经》是居中为吉的,任何三爻,当中这爻多半是好的。如果有六个爻的话,上卦的中爻跟下卦的中爻,也多半是好的。大家读《易经》,会读到刚中,也会读到柔中,说的就是阳爻居中跟阴爻居中。

中国人受《易经》的影响,最喜欢自动。其实宇宙所有的事情都是自动的,风是自动来的,火是自动烧起来的,水是自动流的,草是自动长的……我们最不喜欢被动,而且应该怎么样就怎么样,但是一定要合乎自然。记住,中国人是不谈权利义务的,因为宇宙当中没有一样东西谈权利义务,我们只讲应尽的责任,而且本来就应该这样,所以也用不着激励。

现在我们学西方,一定要激励,那就完了。本来该他做的事情,他不好好做,就等着你的激励,没有激励他就不做。像我们都是被父母骂大的，也没有感觉到人格有什么污点。以前爸爸抱女儿是很自然的事情，现在也不敢抱了，一抱，女儿长大写回忆录，说从小被爸爸性侵，不是白白倒霉吗？哪个爸爸没有抱过女儿，可是当女儿长大以后，她会跟别人勾结，尤其是律师，去告自己的爸爸，赢的话，一人分一半。做人到这个地步，实在非常可惜。

我有一个高中同学，在美国做牙医，但是很早之前就不干了。我问他为什么，他说赚的钱都被律师拿走了。因为律师会找你的患者，告医生误诊，所有诉讼费用律师出，如果法庭判他赢了，一人分一半，如果判他输了，通通律师出，他为什么不告呢？所以美国人最怕的就是律师。

我讲一个笑话，给大家做参考。有一条河，上面有一座桥，有一天，一只鳄鱼在桥上，大家都不敢过桥。大家看来看去都没有办法，有一个人说："我来试试看。"只见他跟鳄鱼讲了几句话，鳄鱼就跑掉了。大家说："你是英雄，真了不起。"他说："我不是英雄，只是律师而已。"大家很奇怪，怎么鳄鱼会怕律师呢？这位律师说："我只是跟鳄鱼说，再不走开，我就开始计算费用了。鳄鱼一听，赶快跑掉了。"

美国的律师大部分是犹太人。其实美国不是白种人，而是犹太人在控制。美国两个学校法律系的学生控制了整个美国，一个是哈佛的法律，一个是斯坦福的法律。在美国要进大学比我们这里困难很多。第一，你想申请哪所学校，一定要亲自到那所学校去，否则他们不受理。可见，我们今天听到的很多信息根本就是错的，如果一个人申请了一百所学校，那一百所学校都要到。第二，美国在每年的十二月底以前，会让你去申请一所学校，如果学校同意了，会跟你签和约，以后就算哈佛录取你，你也不能去，那是非常麻烦的事情。为了进大学整整搞一年，没完没了。

现在，我们一直骂我们自己这里怎样不好，什么作弊，什么不公平。我在大学教书那么多年，可以跟大家保证，除了联考以外，没有一样是公平的。口试更简单，你叫什么名字，你爸爸是谁，他都答上来了，一百分。可是轮到你，老师却问了天上有几颗星，你答不出来，就通不过。那能怪谁呢？只要有弹性的东西，在中国社会就是不公平的。我们都是从这条路一路走过来的，也没有什么毛病。现在年轻人拼命学西方的东西，我觉得很奇怪。为什么我年纪这么大了还要出来讲，就是这个道理。

九　恢复《易经》的真面目

- 没有十全，有好一定有坏。当你得到一些东西的时候，也丧失了很多东西。
- 世界上的事情永远是摇摆不定的。
- 任何事情都是有条件的。
- 如果自由就不可能平等，如果平等就没有自由了。
- 学《易经》的人，不会反对任何事情，但是也不会赞成任何事情，一切都是看着办。
- 中国人不是被环境牵着鼻子走的人，从来不是。

卜筮仅为《易经》小用

《易经》非常荣幸，因为它可以用来卜卦；《易经》非常不幸，也是因为它可以卜卦。这就叫作一阴一阳之谓道。成也萧何，败也萧何。**害你的人，将来你会发现，他就是你的恩人；对你施恩的人，有一天你会感觉到，自己正是被他害得凄凄惨惨。**《易经》的思维告诉我们，**没有十全，有好一定有坏。当你得到一些东西的时候，也丧失了很多东西。**

一般人最大的毛病就是只相信自己的眼睛，说什么我亲眼看到的。你亲眼看到的，有用吗？根本就是你看错了。眼睛是最会骗你的，耳朵也经常给你错误的资讯，所以大家千万不要过分相信自己的五官。占卜是引发人的第六感，而第六感从来不骗你，但是我们对它最不相信。这是人很奇怪的地方。你的五官经常在骗你，可是你信得要命。人的矛盾就在这里。对你好的人，你看到他一肚子火，反而对陌生人恭恭敬敬。

我年轻的时候，很不喜欢人家说我坏话，可是后来完全改变了。说到底，就是一句话改变了我。有一天，我突然想通了，凡是会当面给你难看，当面叫你下不了台的，就是观世音菩萨，不是别人。别人讨好你都来不及，为什么要得罪你？在你面前说好话的人，占尽便宜；可是跟你讲实在话的人，你却对他没有好脸色，这是谁都知道的事情,但是我们就是想不通。除了观世音菩萨以外,没有人愿意当面给你难看,没有人愿意让你感觉到他很讨厌。因为他责任所在,不得不讲真话,但是讲真话你是听不进去的。

人一生下来,有一种器官立即开始退化,就是耳朵。比如人老了第一个表现就是耳朵不好用,怎么也听不到。人一出生,老天就安排你的耳朵开始退化,就在警告大家,年纪越大,越听不进去话。换句话说,年纪越大,越固执。我过的桥比你走的路还多,你知道吗?但是有什么用?一切都在不断变化,你那么相信自己的经验干什么?那经验不重要吗?当然不是,经验非常重要。

我讲这段话,就是想告诉大家,世界上的事情永远是摇摆不定的。如果你定下来,那就错了,因为它本来就是摇摆不定的。大家开车,会发现雨刷停是暂时的,动才是正常的。如果你的车雨刷是不能动的,你就知道它坏了。我们经常讲,中国人最糟糕,脚踏两只船,摇摆不定,讲了好像没讲一样。实际上,本来就应该这样,因为这才正常。

《易经》是可以卜卦的。庙里头就是用掷筊(图9-1)的方式来卜卦。道家的"一生二,二生三"从这里最容易了解。两个合在一起是一,其实就是太极。太极里面有两个,要不然怎么会一分为二?如果太极是一,分不开的话,那太极也没有用了。

图9-1

一就是二，二就是一。可是现代数学告诉我们，一就是一，二就是二。这叫死脑筋。从某个角度来看，人类是越来越退化。我们中国人从汉朝以后，越来越糟糕，而不是越来越好。表面上看人类在不断进化，实际上刚好是相反的，因为我们有太多的误解。

太极生两仪。两仪有三种不同的变化。第一种，两个都是阳的，叫作蓋杯。蓋就是不同意的意思。第二种，两个都是阴的，叫笑杯。就是菩萨笑一笑，你没有诚意，我不给你意见。所以如果每次都是蓋，菩萨就告诉你，少动这个脑筋。每次都是笑杯，菩萨就笑笑，你是来跟我开玩笑的吗？第三种，一阴一阳，就是圣杯。它只有这三种变化，不可能变出第四种。但是这三种变化就是四种，为什么？因为一阴一阳，哪个在下哪个在上，哪个先哪个后，就不一样，这就变成了四。所以一就是二，二就是三，三就是四，四就是三。数本来就是变化的，这也是让外国人很恼火的东西。

想了解古代的东西，一定要从中国人所做的具体的器物上面入手，然后去了解那个抽象的东西。中国人最了不起的就是道器是合一的。人类最大的敌人是自己，一天到晚在开自己的玩笑。当然老天也只是笑笑而已。大部分人是很愚昧的，我讲一句话大家不要生气，自从有了手机以后，人类就两极化了，要么是疯子，要么是呆子。什么叫疯子？在路上边走边打电话，笑嘻嘻的，以前都是疯子才这样。什么叫呆子？整天低着头看手机、玩手机，久了就呆了。

人要善用器具，而不是被器具所驾驭。我是常常拿麦克风的人，但是只要不该我讲话的时候，就算你把麦克风给我，我都不讲。开关要灵才叫开关。现在的人就是开关失灵了。比如，很多人麦克风用久了以后，就完蛋了，吃饭也讲，走路也讲，那一种人就叫作不讲话会死，就是疯子。我就碰到过这样的人，只要他在，我最愉快，因为他从头讲到尾，我就不必讲话了。我还碰到过更妙的，就是我们结束以后，他站在那里，说有一件事情要请教我，我也不能推辞，就边走边讲，讲到送我上车，还是他在讲。至于他要问我什么，真不知道。可是我很感谢这种人，因为他知道我很累了，就让我不必讲话了。

我们常说当局者迷。人完全不了解自己，才要卜卦。我们看别人的事情看得很清楚，这个家伙很可笑，那个家伙莫名其妙，这个家伙很愚蠢，清清楚楚。可是当我们看自己的时候，就迷糊了。记住，人的眼睛是往外长的，永远看不清楚自己，所以才要用卦把他显出来，卦就是把你的情况显示出来，原来你此时此地是这个样子。

老实讲，现在西方的很多话，都在讲我们的东西。只是从事翻译的人，因为修养不够，理解不到，才翻译得乱七八糟。他们讲的situation，就是我们讲的情境。情境是随时在变动的，所以中国人说，"此一时，彼一时也"。只要时一变，人的整个观念都要跟着调整。不能说以前是这样，现在还是这样。现在是现在，以前是以前。一切都是时在决定，我们一再说，孔子最了不起的观念就是"时也，命也"。时到了，你不知道，是命；你知道了，可是时没有到，也是命。

以前有一个人，武艺非常高强。为什么那么高强？因为匈奴不断来侵略我们，他想为国争光，就练武。可是当他练到武艺高强的时候，匈奴不打我们了。是不是因为匈奴知道出了这么一个高手才不打？谁也不知道。匈奴不打，我们也不会叫他去统兵打人家。所以上面就跟他承诺，等匈奴来打我们的时候，我们第一时间去找你。等到匈奴来打的时候，上面马上派人去找他，然而他躺在床上，只剩最后一口气。一辈子生不逢时，能怪谁呢？其实也没有什么好怨恨的。

老实讲，当大家把《易经》搞通了以后，会知道最后就是孔子讲的那句话而已，叫作"尽人事，听天命"。一个人要读懂圣人的话，没有《易经》的修养，那根本只会背，只会考试。**《易经》告诉我们，你只管自己该不该做，该做就去做，至于结果会怎么样，只有一个答案，叫作天晓得**。这样你就没有什么怨恨了。你做了该做的事情，心安理得，有什么好怨恨的？你到死的时候，不欠任何人，那就是好死。现在不是，先抢一摊，然后慢慢来忏悔。庙里头那么多人就是去忏悔的。初次拿了不该拿的，你认为没有关系，可是你没有想到，拿了第一次就想拿第二次，越拿越想拿，等到最后你后悔的时候，已经走不动了，已经来不及还了，欠了一大堆债就回去了，那实在很糟糕。

其实宗教所讲的，远没有《易经》讲的这么精辟、这么透彻。宗教最大的问题，就是用九十九句正确的话，来包装那唯一的一句不正确的话。那一句不正确的话就是毒药。如果他不讲九十九句对的话，你会信吗？所以很多人说，我是傻瓜才会上当，最后证明他就是傻瓜。因为他不知道，他们是用九十九句非常正确的话来让你心动的，而这九十九句正确的话所包装的唯一一句不可靠的、不能相信的话，就是"信我者得永生"。这一句话从有人类以来，没有一个兑现的，但是直到现在大家还在相信。

每一个宗教都是用九十九句冠冕堂皇，让你听了会掉眼泪的话，来包装最后那一句最大的谎言。释迦牟尼佛坐在那里，一句话不说，眼睛也不看人，就是在告诉人们，你们要靠自己，不要靠他，否则倒霉的是你们自己。可是，大家永远不懂他的意思。我每次看到释迦牟尼佛都知道，他在说你来拜他，是拜你自己，你掷筊是引发你自己的第六感，跟他一点儿关系都没有，因为每个人都要自作自受。你什么时候悟透了，不管信什么宗教都是很安全的，没有那么神秘。宇宙是最透明的，从来没有隐瞒过任何事情，只是人看不懂，那只能怪自己。

人类一开始只有声音没有文字，所有的文字都是从声音而来，而且刚开始只有单音字，没有复音字。凡是卜筮、孝顺、仁爱等复音词都是后来人造的。以前，卜是卜，筮是筮，它们是两码事。卜是用火来烤乌龟壳，乌龟壳会裂开。裂裂裂就叫卜卜卜。裂开之后，有不同的痕，然后就来解这个痕是什么意思。其实大家也不要太相信，因为都是卜卦的人在讲，而且他想怎么讲就怎么讲，你控制不了。一直到现在都是如此，乩童讲一句，桌头讲十句。乩童都觉得很好笑，我只讲了一句而已，你却给我讲了十句，那这九句算谁的账？当然是算你的。这样大家才知道，为什么通灵的人多半是没有知识的，多半是那些一问三不知的人，因为这种人才可靠。如果找两个博士来占卜，他告诉你的全是他自己的话，并不是神说的话，可是那时候不管他说什么，大家都会觉得对。

记住，天底下都是有因必有果，但是一个因可以产生好几个果，不是一个因只有一个果。如果一个因只有一个果，那人类也不必努力了。现代科学慢慢证明，长得端正，长得清秀的人，智商都比较高。所以你说人是生而平等的吗？但是无论如何大家要记住，众生是平等的，但这并不是说你生下来就平等，而是说你可以改变你自己，这是平等的。如果你什么都掌握不了，还可以掌握自己的道德修养，这是平等的。你想做好人，没有人能够阻挡得了你，这也是平等的。平等，是有限度的，有条件的，而不是无限制、无条件的。

《易经》告诉我们，任何事情都是有条件的。所以我们现在讲的什么自由、平等、人权全都是错的。当然，要改变大家的观念很难，因为它们已经根深蒂固。其实，我用一句话就讲清楚了，如果自由就不可能平等，如果平等就没有自由了。可是我们现在心心念念自由、平等，真是笑话。比如，美国非常自由，但一点儿不平等。他们有钱人可以拥有一切，谁跟你平等？我有钱就可以跟你不一样，这是他们的自由。其实我们也不用讲西方，就我们自己而言，从汉朝以后，我们就是倒退的，因为我们看错了太多事情。

我们接着上面讲，筮是什么呢？卜的时候，是用龟壳。但是我们慢慢觉得，乌龟这么长寿的东西被拿来烤，似乎不太对，而且龟壳也越来越稀少。于是，大家就开始用牛胛骨来占卜。可我们是农业社会，以农为本，牛要耕种，怎么能拿来烤呢？所以周文王才说不要用龟壳，也不要用牛骨，我们用蓍草来占卜。功能是一样的，只是所用的东西不同。

《易经》发展有六阶段

《易经》的发展，可以分成六个阶段。大家有没有发现，又是一个六，这个数是非常有意思的。

第一个阶段，叫作伏羲的符号易。伏羲当年是没有文字的，那时候就是一大堆符号。大家可以去想象，当伏羲一画开天以后，全民运动，大家回去拼命画，画到最后，才最终确立一个三画卦的系统。三是一个非常高明的数字。其实，人类任何一件事情，如果只是少数人在做，是不成气候的，一定是大家都在做，都在摸索，都在参与。

第二个阶段，叫作周文王的卜筮易。有了前面那些符号以后，就被很多人拿去，拿去干什么？假借神意。

我相信很多人都玩过一种游戏，叫作总统说。这个游戏有一个简单的规则，凡是我说的都不算，凡是总统说的都算。所以，如果你说请大家把右手举起来，举的人就错了，因为你说的不算。现在总统说，请大家把右手举起来，大家举起来就对了，总统说把右手放下，大家就放下，总统说了几个以后，突然讲大家都站起来，所有人都站起来。我讲这个是想说，人类之所以会有神权，就是少数聪明的人，利用大家对神的一种好奇，因为不清楚而盲目崇拜的心理，来达到某些目的。于是他就说，我们一起听神的，但是神不会说话，所以由我来说，这是一个最大的欺骗。但没有办法，这是人类必经的过程。

殷商的时候，已经演变到整个社会非常地迷信，这也是必然的现象。于是，周文王就想破除殷商的这种迷信。那么，当大家很迷信的时候，你要破除它，有几种办法？其实一切都只有三种办法。当人家提出问题，你马上知道有三个答案，如果讲四个、五个、六个，就表示你不行。如果只讲两个，也表示你不行。一个是你归纳不出重点，一个是你抓不住重点，它一共就是三。

周文王非常清楚，如果直接提出要废除迷信，这是下下策。老百姓就是这样，当你告诉他要废除什么的时候，他第一个反应就是抗拒。我们叫作立即反应。如果你是老百姓，是相信官府说的，还是不相信？基本上都是不相信。

比如老板的话，员工第一反应是不相信的。因为他就知道老板讲的话是为老板自己好，难道是为他好吗？所以他就不相信。我觉得这是很自然的。今后想事情，我们要参照自然的演变、自然的规律，这样想就很合理。只要政府讲什么，我们都开始怀疑他要干什么，目的是什么。所以我们河洛话就发展出一句非常有智慧的话，叫作不要惊扰他。否则，你这事情就做不了。为什么有话直说的人大概都达不到目的，就是这个道理。

你到人家里去拜访，他的第一个反应一定是无事不登三宝殿，所以可能会说，有什么贵事吗？如果你开门见山，说我今天要拜托你三件事情，那他整个都封锁住了，因为他要保护自己。我们中国人都是说，没有什么事，我是从这里经过，想到很久没有见你了，进来坐一坐。他的心就放松了，最后才讲借给我两万块，要不然年都过不了。他已经毫无抵抗力，只好借给你两万块。怎么可能开门见山就讲呢？我们现在受西方的影响，变得很愚昧，好的东西摆在一边，专门去学那些乱七八糟的东西，学了有什么用？中国人知道没有会变有，就是看情况对了，心理都跟你建设好了，叫你抵抗不住，事情就办好了。

周文王认为，第一，他现在要废除迷信，革命就不可能成功，因为老百姓绝对不会支持他。第二，如果他不提这种事情，就没有帮助的力量。所以，他就以神道设教。其实，一个人要改善，要改革，有三部曲。我不反对改革。记住，学《易经》的人，不会反对任何事情，但是也不会赞成任何事情，一切都是看着办。只要你方法对，就可以做；如果你方法错，再好也没有用。一句话就讲清楚了。现在很多年轻人有改革的心向，这是好事情，但是方法完全是错的。

要改革，首先，要了解现状，否则怎么改革呢？太多人都是理想主义者，对现状都不了解，就去胡乱改革，当然不会有好结果。周文王就很了解当时的状况，所以他以神道设教。其次，要去适应一下。适应以后，才知道是好还是不好。一般人都是适应完以后，就同流合污了，忘记了自己的任务。改革一般都死在这里而已。最后，适应以后，不要忘记应该继续改善。大家只要按照一二三去做，保证没有什么阻碍。

西方人不是，比如他要打你，先开始做各种姿势。中国人看了，就觉得很好笑，你还没打，就没力气了。中国人不会，我们都想嘴上说着"我们两个是好朋友，我不会打你"，然后一把拽下去。有人说中国人很奸诈，有什么奸诈的呢？你都不知道我要打你吗？那也太笨了吧。我们现在完全不了解自己，才会有这么多莫名其妙的反应。尤其是那些读书人，一知半解却在拼命解释这些事情，那是对不起祖先的。

神道设教是周文王的一种策略，他的目的是要改善。这一点只有孔子看得懂。所以《易经》发展的第三阶段，叫作孔子人文易。因为时机到了，一下子就把迷信扫掉了。可是扫掉迷信，并不代表孔子反对占卜。太多人断章取义说孔子反对占卜，其实不是这样。一个人如果不懂得占卜，就没有资格反对占卜。一句话就讲清楚了。你连这个都不懂，凭什么反对？一个没有看过鬼的人，凭什么反对鬼呢？你看都没有看过。

以前有一个人，他认为没有鬼，所以想写一篇文章来发表自己的意见。磨墨然后拿笔开始写，刚写完"无鬼论"三个字，鬼就出来了，一直哭。他说："你哭什么？"鬼说："你的文章写完，我连鬼都做不成了，怎么能不哭呢？"这个人就开始伤脑筋了。如果他继续写《无鬼论》，就是违心之论，明明看到了还说没有。但是如果马上说有，不是自己打自己嘴巴吗？如果他学了《易经》的话，就很容易写了。鬼这个东西，到底存不存在，答案是很难讲。如果看到，你相信，他就存在；如果没有看到，你不相信，他就不存在。本来就是这样。

讲了好像没有讲，才叫真理。因为它本来都是一阴一阳分不开的。有人一生没有看到过鬼，因为阳气很足，鬼看到他都躲起来了。鬼是很灵光的，我不该给你看，还偏偏给你看，那还算什么鬼呢？这样就对了。有人理直气壮地说，上帝显灵给我看，我就相信基督教。你显不出来，叫我怎么相信呢？上帝都觉得好笑，你这种人，我都显灵给你看，那岂不是整天都要显灵吗？这种叫死无对证。我们现在都很相信实证，其实太多东西是无法实证的。

孔子人文易，那么什么叫作人文？我们首先要把"大人"这两个字搞清楚。这两个字用闽南话讲，叫转大人。什么叫转大人？我们经常讲一句话，活到七八十岁好像小孩子。七老八十好像小孩子，可见小孩子是长不大的。大人是真正长大成人的，长大成人有几个条件。

第一，与天地合其德。为什么有人那么神通，就是他与天地合其德，他知道天地有好生之德，无论如何都要往好的方向去做，绝对不能起心动念去做坏的事情。

第二，与日月合其时。该太阳出来的时候，你就要阳；该月亮出来的时候，你就要阴。现在，尤其是年轻人，完全做不到这句话。太阳出来了，他就开始睡觉了；月亮出来了，他就开始忙活。月亮出来，就是要你好好休息的，结果被你搞得乌烟瘴气。与日月合其时，现代人根本做不到。

第三，与四时合其序。春夏秋冬，春天要养生，夏天要养长，秋天要养收，冬天要养藏。可见，我们讲养生，其实只讲了四分之一。冬天养藏非常重要，因为如果冬天没有养好，到了春天就生不出来。春夏秋冬各有不同的功能，人要做不同的调剂，而不是说一句养生就可以了。关于生长收藏，我举个例子。很多人赚了一些钱，可是到了冬天就藏不住了，到了第二年春天，他想做什么事情，连基本的资金都没有。为什么？因为冬天太冷了，又没有事情做，他就开始赌博了，把所有的钱通通赌光了。结果春天一来，一毛钱都没有，连种都买不到，还能做什么事？大家一定要好好去参透什么叫春生夏长秋收冬藏，到了秋天你没有收获，就表示这一年白忙一场。秋天收获了，冬天要藏得住，来年才有资本，才能够做更多的事情。

第四，与鬼神合其吉凶。大人不会怕鬼神，因为鬼要抓的人，就是他要抓的人；神要保佑的人，就是他要帮忙的人。神鬼，我们叫作天兵天将，他们是来帮你的忙的。打仗要靠谁？不是靠会打仗的将，而是靠福将。你会打仗有什么用？一去杀死几百几千个人，那是打仗，还是造孽？如果福将一去，对方就开始拉肚子，不能打了，然后他轻松愉快获得胜利，这才叫福将。换句话说，不战而屈人之兵，才叫福将。以前历史上是有这样的人的，乱得不可开交的时候，谁都收拾不了，突然出来一位老先生，所有人都不打了。这才叫福将。会打仗的人有什么用？一点儿也没有福气。

现在要当校长的人，我都告诉他，辅导员要选那些耳垂很大、很有福气的人，这样的人当辅导员，学生都不会捣乱。如果选一个很能干的人当辅导员，就是准备对付学生捣蛋的，不然找个能干的来干什么？学生也不能辜负他，因为他那么能干，所以就表现给他看，时不时就有麻烦事。可见，我们现在都说要选能干的人，那社会就不得安宁。你选一个没有事的人最好，干吗要选一个越弄事越多的人？现在我们都很相信美国人说的，要什么能力本位，你做不好，我就叫你下台。像这些话都是笑话。

鬼神是来帮助你的，你就是福将；鬼神是来给你捣乱的，你就要反省，是你自己哪里错了，而不是鬼神错了。鬼神从来不会错的，所以你说你又搞鬼，他心里会觉得好笑，我不搞鬼，你会反省吗？我搞了鬼，你不反省，我只好更加搞鬼了。这样的思维就对了。

大人怎么样？"先天而天弗违。"不管天意如何，你先去做了，而天会跟着你走，不违背你。这是非常不得了的。其实一个人就是要做到，我说的算而不是预测说的算。可以改变预测，才叫大人。预测说了算，那还是神在做主。"后天而奉天时。"如果你比较慢的时候，就要跟着天走。有时候天跟着你走，有时候你跟着天走，这才叫大人。"天且弗违，而况于人乎？况于鬼乎？"连老天都要跟着你走，何况是人，何况是鬼神。这样的话，你还怕什么呢？

我们都知道，以前是没有鬼神的，鬼神是后来的人创造出来的。可是人创造出来以后，鬼神就存在了，这是人自己找的麻烦。闽南话中有一句话最传神：都是你自己想的。一个人的心思会改变外面的环境，这就叫心想事成。你认为经济环境越来越不好，它就越来越不好；你认为经济环境会越来越好，它就越来越好。其实这很简单，就是我们现在做的民意调查。"你对明年经济环境的看法如何？"如果大多数人都说好，果然它就好。但是现在我们都把它颠倒过来了。记住，中国人不是被环境牵着鼻子走的人，从来不是。

请问各位，为什么现在世界越变越快？原因就是你的心越变越快。比如，很多女孩子去美容院一坐下来，人家问她头要怎么弄，她竟然回答随便你弄，如果你有创意更好。随便被人家弄，而且还要主动交钱，天底下这种人最傻瓜。再比如，大家照相都喜欢比剪刀手，连部长照相都要这样，那全国都完了。我多次讲过，你只要比剪刀手，老天就知道，你一辈子不会成功。你的意向是说要成功，但是老天听到的是你还没有成功，那就照你的意愿，不给你成功。大家根本不懂天意，不懂灵界的那种收讯的方式。我们常说心想事成，还有另一句，叫作事与愿违。这就是一阴一阳之谓道。

第四阶段，叫作两汉象数易。请问大家，为什么两汉会变成这样？就是孔子闯的祸。我讲这句话，绝对没有对圣人不敬的意思，大家不要乱意会。当孔子把所有伦理道德都讲完了以后，后面的读书人就没有事做了。因为不管他们再怎么讲，都讲不过孔子。可是这些人又想出名，所以就搞了一个象数出来。可以说，这是被孔子逼出来的。好人把坏人逼出来，坏人把好人逼出来，当然最好什么都没有，大家就平平安安了。

我必须要跟大家说清楚，《易经》是没有天干地支的，《易经》是不讲五行的，甚至《易经》一开始也不讲阴阳，这些都是后来慢慢加进去的。但是因为《易经》包容性很强，所以不管你加什么进来，都可以说得通。当然这也使得《易经》越搞越复杂，而且还能占验灾异、决断吉凶，其实这个我们已经讲过了，层次是越来越低的。**当有一天你要做什么事情，都要卜个卦的时候，就失去了自主性。**

占卜灵不灵呢？大家这样想就清楚了，历来占卜的人都是如此，当他卜到一个卦很灵的时候，就一直讲这一个，大家就觉得很灵，但是你不知道的是，几十个错的他都没讲过。任何人卜卦都是有灵有不灵的，因为《易经》是为君子谋，从来不为小人谋，所以讲实在话就会得罪人。如果你说因为你是小人所以不灵，我是君子就灵了，这样的话谁都受不了。

比如，以前干旱的时候，皇帝就要去求雨。通常情况下，皇帝前一个晚上都睡不着。为什么？因为如果皇帝求到雨，大家会说这个皇帝德性好。如果没有雨，大家就会说皇帝他们家通通德性不好，不然怎么求了还没有雨呢？大家了解这些就知道了，如果说我们征求一个求雨的人，你敢去吗？不敢，于是推来推去只有皇帝去。没有办法，你当皇帝，所有人都看着你，这个节骨眼儿上你不出来怎么行。所以要吃斋禁房事，沐浴更衣，以示虔诚之心。全天下人都在看我，求不到雨回去没有办法做人，所以他一定很虔诚，那老天就被他感动了，就降雨下来，回去大家纷纷称赞。就这么简单。大家要知道，古代的那些设计是非常严谨的，就是让皇帝知道，自己有没有德性，是过一段时间就要受到考验的，所以要好好做，就这么简单。大家不要从乱七八糟的角度去解释。

第五阶段，叫作宋元明先天易。宋以后，元明时期，《易经》又恢复到一个先天易。他们认为《易经》的这些都是后人加进去的，然后他们说，人事就是物理，物理就是天道，历史是循环的，但是每一次都不太一样，这句很重要。大家慢慢听出来了，中国话一定要讲两句，讲一句就完了。历史是重演的，但是每次多少都不一样，这就对了。

第六阶段，叫作现代易。换句话说，我们现在，是《易经》第六次发展了。这次《易经》起来，面目完全不一样。我们不走以往的路，因为现在有太多的事情跟以前是不一样的。

由河图了解《易经》的理气象数

我们为什么把《易经》叫作天人之学？其实跟河图洛书的传说有很大的关系。《系辞·上传》说："河出图，洛出书，圣人则之。"黄河出现龙图，洛水出现龟书。圣人看到了，便效法它的法则。

相传伏羲氏在河图（图9-2）的启发下，和大自然的景象互相印证，终于体会、领悟出：大自然千变万化，却拥有共同的本质，并且遵循着共通的规律。伏羲氏是人，借由河图的"天垂象"，彻底明白宇宙人生的奥秘之后，才一画开天。

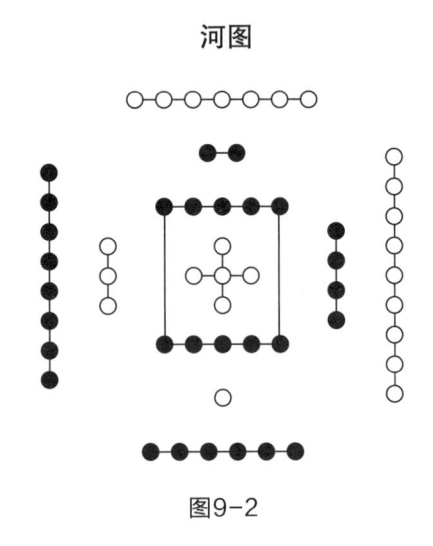

河图

图9-2

河图由白点和黑点组成，白点代表阳，黑点表示阴。白点一共有五组，分别为"一、三、五、七、九"，都是奇数。天为阳，所以白点即为天数、阳数、奇数，加起来共二十有五，符合《系辞·上传》所说"天数二十有五"的说法。而黑点也有五组，分别为"二、四、六、八、十"，都是偶数。地为阴，所以黑点便是地数、阴数、偶数，加起来三十，称为"地数三十"。天地之数五十有五，在这里也获得明确的印证。

我们再把整体的河图看一下，一跟六是一对，二跟七是一对，三跟八是一对，四跟九是一对，五跟十是一对。而一跟六相差五，二跟七相差五，三跟八相差五，四跟九还是相差五，五跟十当然也是相差五。每个地方阴阳相差的数都是五，所以五摆在中间，五就变成整个河图的核心，也是《易经》的核心。因为一个人一只手伸出来有五个手指头，充其量只能用五个手指头，但五个手指头就可以掌握全体，因此人才是万物之灵。

通过河图的象，我们看到了数。但是数又是从何而来的呢？河图歌中说："天一生水，地六成之。"这不禁使我们困惑，天一为什么会生水？地六又如何能成之呢？原来象也不是最初的东西，数也不是最初的东西，最初的东西是气。比如人一生下来，一口气不来就完了，什么都没有。人活着也是一样，活着就是一口气而已。所以为什么中国人到最后都讲要争气、要争气。因为气到哪里数就到哪里，气到哪里，气数一成，那个象就出来了。

我们常常讲气象万千，什么意思呢？就是告诉我们气是千变万化的。所以孔子讲得很清楚：在天成象，在地成形，变化见矣。气在天叫作象，在地就叫作形。形是比较偏重于物质方面的，象是比较偏重于精神方面的，它是能量的东西。我们看天上，除了气象以外还有别的吗？没有了。如果天上有物质，一定会通通掉下来，说不定还会伤害到人。而地上差不多都是物质，如果变成气的话，就升到空中去了。

地上的物质会变成气，然后升到天上变成象，象再下来……这样就构成天地之间的循环往复，我们人类才有办法生存。我们都知道"天垂象"时时刻刻都有，但是最具体的是什么呢？就是河图洛书。河图从哪里来我们不知道，龙马到底有没有也不知道，反正我们把它看成天垂象应该就可以了，天垂象就是老天把河图洛书给人类展示出来。它所表现的不是文字，当时哪里有文字？有文字人类也看不懂，它就是一个数。

数又从哪里来？怎么会有数呢？数由气来，所以叫气数。三国时代孔明想尽办法要火烧上方谷，终于把司马懿父子诱进了上方谷，司马懿都知道完了，今天一家人都要死在这里。但是顷刻之间老天下起了暴雨，雨量之大，把所有的火瞬息之间就浇灭了。诸葛亮讲"汉室气数已尽"，就是在讲气数。

没有气，哪里有数？没有数，怎么会有象呢？所以这些都是连在一起的。气有阴有阳，这是我们说的两仪。我们每天讲的这些，实际上都是《易经》里面的东西。这个两仪，如果阴和阳分离，那就阴归阴，阳归阳，没有什么作用了，所以两仪要化合。太极生两仪叫作一分为二，两仪化合就是二合为一，这两个要同时进行。两仪化合，就会变成金木水火土五行。

什么叫五行？行就是气在流行，没有气怎么能行呢？气代表天地之间万事万物运行的力量。而这个力量是有方向的：大家看到水的方向是向下的，所以水就代表气向下流的那股力量；火是向上的，所以火就代表气向上冒、向上行的那股运行的力量；树木枝叶是向四方八面扩散的；金是由四方八面聚在一点里。一个向内，一个向外，一个向上，一个向下，就四个了。还有一个就是平衡而不倾斜的土，凡是四平八稳运行的力量都叫土。所以中国人最自豪的就是我们是中土，我们是中原。这个我们要慢慢去了解。气的运行不可能没有方向，有了方向，无论走东南西北中，还是上下左右中，都是五，所以叫五行。不要把五行解释成五种构成的基本元素，也不要解释成五种构成的基本物质，它是气运行的方向。所以宇宙万物，最初是从气化来的。什么叫气化？就是物质变成能量的过程。

气化包括什么？包括有形的质和无形的能，也就是物质和能量，它们同时存在。西方一直到爱因斯坦才弄清楚：质能是互变的。其实我们《易经》老早就讲阴阳互变，阴极会成阳，阳极会成阴。阴代表什么？代表物质。阳代表什么？代表能量。一个生一个死，一个动一个定，都是相对的，所以我们比较主张不太过于重视五行的生克。不太重视是什么道理呢？因为它不可能固定，它是一种生化作用。比如土跟什么没有关系？没有土，水能成形吗？我们看到一个河流，看到一个小池塘，看到一坛水，都知道它有泥土才能够成形。火把东西烧了以后就变成土了，金就埋在土里面，树木也是从土里长出来的。它们彼此之间应该是一个生化的作用，不要太过强调生克，应该比较好。

那么东南西北中是怎么配上去的呢？我们可以看一看，"天一生水"，为什么要"地六成之"？大家都经常讲一个词，叫气质，比如说某个人气质好。其实天一就是气，地六就是质，这样大家慢慢就了解了。气是从地上升起来的。太阳把地下的水变成水蒸气，然后让它上升；上升得越高越冷，阴极成阳，然后就变成水，最后就掉下来了……循环往复，以至无穷。这样，我们中国人所有的观念都出来了。阳气会上升，阴气会下降，所以"天一生水"，因为水是北方的；"地二生火"，所以火是南方的；"天三生木"，木是东方的，东方是太阳出来的地方，太阳一照到，树木才会顺利地成长。

有水、有土，如果没有太阳的话，这个树木也很难活。西方多雨，凡是多雨的地方都产金。中央叫作中土，所以我们都很自豪：中土珍贵，生在中土实在难得！（图9-3）身为一个中国人应该感觉到很了不起，因为所有好的元素都被我们占到了。

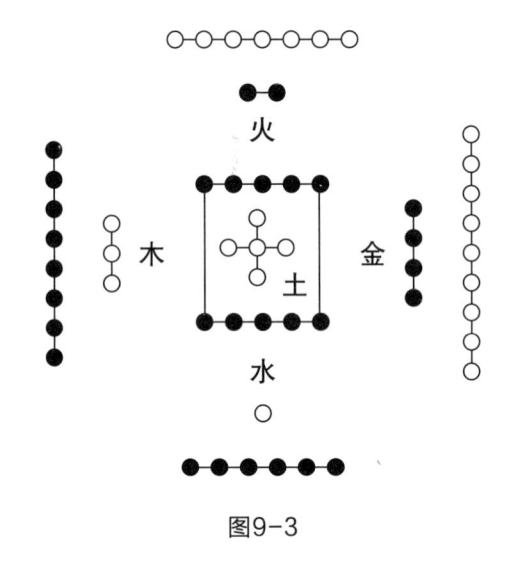

图9-3

说到人的气质，气就是阳，就是精神，质就是身体，就是阴。身体很强壮，精神自然好了；精神好的人，多半身体也不错。从这里我们就知道，原来就这么很简单的几个点，就能让我们得到很大的启发：人要读书，不是凭记忆，也不是完全凭理解；要好好去悟，要用心去悟，要不然怎么读得通呢？

至于天地，天南地北我们则很熟悉。南、北定位以后，东、西马上就明确了。天如果在下面，地就到上面去了，东就到右边去了，西当然就到左边去了。为什么国际上都讲指北针，只有我们讲指南针呢？原因就在这里，黄帝当年就是用指南针。只有中，无论怎么样，它都不会变。所以这个中央土到最后就变成《易经》里面一个不变的部分，叫作不易。万变不离其"中"，就是这个土不能改。

我们从河图可以看到（图9-4），东方是木，西方是金，所有东西大部分都是木性和金性的，组合成的物件就叫"东西"。而南是火，北是水，水与火则合不到一起。用火来烧水是可以的，但是要是把火和水来组合成一个物件恐怕很难，所以就不成东西。因此我们只能把物件叫东西，而不能叫南北，也就是根据这个来的。如果我们跟人说：你把那个"南北"拿给我，别人就听不懂了。

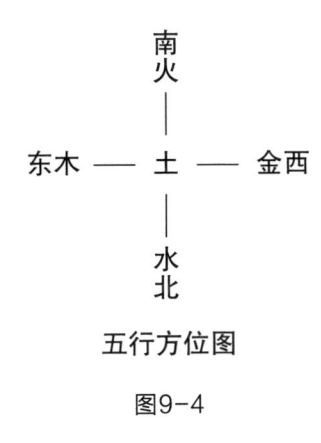

```
          南
          火
          │
    东木 ─ 土 ─ 金西
          │
          水
          北
```

五行方位图

图9-4

由河图去了解《易经》的理、气、象、数，我们可以得到很多东西。但是我们把这个大致做一个介绍就行了，最终还是要从易理开始。大家明白《易经》的道理，就不会对象、数着迷，不会一头钻进去就不出来。

同为天垂象的洛书为何与河图不同

我们今天很自然地就能讲出图书这两个字，实际上图是图，书是书，图是图像，书是书纹。当然这"文"最早是加上绞丝旁的，因为那时是指花样，还不是指文字。河图用的是图，洛书用的是书，所以叫河图洛书。

史书记载的神龟负书，这只神龟为什么不在黄河里，而是在洛水里？如果通通在黄河里，就会让人感觉到：什么事情都是固定的，就没有变化了。为了让我们知道既有不易，又要想到变易；既有固定，又要想到不定；有变就会有不变，有不变就会有变……所以，神龟不选黄河，而选洛水，并且不再是用在黄河出现过的龙马。如果又是一只龙马出来，那人们也就不去注意了，所以这次用神龟。龙马是用身体负图，如果在头顶负图空间也不足，人们也不能够注意。而龟就不同了，因为在龟的侧面没法刻东西，所以只有在龟甲上面才可以有一些花样，人们就把它叫作洛书。为什么不叫洛图了呢？就是让我们从这里感受到，要有点儿区别，要有点儿变化，要有点儿不一样。

这样我们慢慢就了解到：河图是经，洛书就是权；河图是先天，洛书就是后天；河图是体，洛书就是用。河图有河图的歌，而洛书呢？当然也有，但是不一样。不过洛书没有讲天地，因为天地已经形成，没有必要再讲。现在就是这只神龟，让我们看到如下的数字（图9-5）：戴九履一，左三右七，二四为肩，六八为足，五在中央。

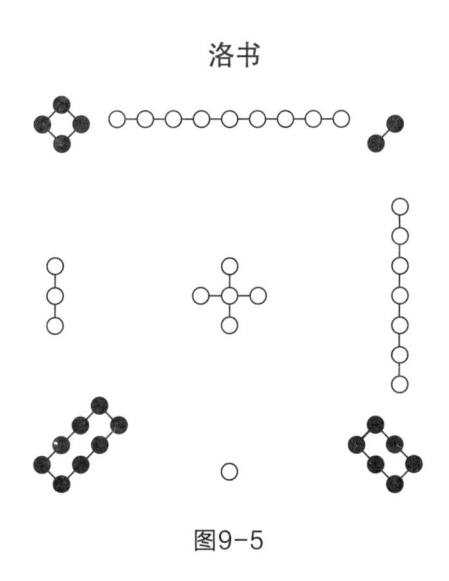

洛书

图9-5

我们先看第一句话，戴，就是戴帽子的意思，可见是在上面。上面是个九，可是没有九字，就是九个白点。为什么要用白点呢？因为它是阳数，是天数，是奇数，所以用白点。如果连这个都变的话，人类就乱了。**可见该变的才可以变，不该变的是绝不能变的。**戴就是上面戴着九这个数字，用九个白点来表示。履就是脚踏，就是指下面。下面是一，用一个白点，因为它也是天数，也是奇数，也是阳数。上下都是阳数，左三、右七也是阳数。其中的道理需要我们慢慢来体会。

二四为肩，肩膀两边扛的是二与四，就是阴。所以二就用两个黑点来表示，四就用四个黑点来表示。六八为足，底下的旁边一个六、一个八，也都是黑点。最后这句话跟河图一模一样，它说五在中央，中央不能变。那么十跑到哪里去了呢？只有一二三四五六七八九，十没了，这个可是更重要的区别。同样是天垂象，可是河图有十个数，而洛书就九个数，这是什么道理呢？

我们先来看看当年的大禹，他为什么把天下分成九州呢？我们以前都讲天下九州，大概就是从一二三四五六七八九得来的，那么洛书就把天下分成九块了。一个龟背上面是九个数的麇集，有黑有白，看起来很乱，实际上很有条理。

河图告诉我们的是从一到十，比如两只手就是从一到十。可是洛书告诉我们，其实九个数就可以用得好好的，因为八九不离十。像这些都跟我们的民族性有着很密切的关系。

至于洛书的象，跟河图倒是没有什么两样，反正不是白点就是黑点。而且白点的都是单数的，都是奇数的，都是阳，我们把它叫作天数。那为什么河图歌里面分天数、地数，洛书里面却没有分天数、地数，而只有数字呢？这是很简单的问题，因为河图已经讲清楚了，洛书再重复就没必要了。洛书里面的一、三、五、七、九，人们一想就知道是天数了。洛书里面的二、四、六、八，那就是阴数，就是地数。

洛书黑白点麇集的方式也跟河图不一样。河图是阴阳一对，十个数字分成五对。洛书不是这样，洛书的数字是分散的。数字分散有没有道理呢？当然有道理。洛书当中是一个十字，对角线又是斜的十字。这就告诉我们，有四正，有四隅，一共八角。这样，八卦慢慢就出来了，八卦的样子从这里就很容易看得出来。四正都是阳的，不然怎么叫正呢？四隅都是偶的，而且"隅"跟"偶"看起来很像。我们慢慢就会知道，很多汉字之间都是有关联性的。"隅"跟"偶"为什么会相像？就是因为它们都是阴的。四个斜角是阴的，因为它被削掉了。四个阳角是正的，因为它是完整的。我们看来看去，会有很多想象，比如黑白点分布不一样的现象，就告诉我们，数据是会变化的，而不是固定的。**任何事情一固定下来，就没有变化了，也就很麻烦了**。这样我们才知道，中国人是变来变去的，是非常善变的一种人。但是我们先要加一句话，中国人最了不起的就是变到让人看不出来。别人看我们变化了，而我们偏偏自己说我不会变，我没有变。这样，可以更深一层理解为什么孔子没有叫我们不要骗别人，只是告诉我们不要骗自己的道理了。那叫勿自欺，就是不要骗自己。

一、三、五、七、九是奇数，是阳数，是天数，河图跟洛书一样。如果连这个都变，那就糟糕了，那人类不知道要怎么办了。二、四、六、八是阴数，是偶数，也跟河图一模一样，只不过少了个十。

跟河图相比较，洛书最重要的特点就是五个字：见五不见十。或者说现五不现十也可以，把五现出来，把十隐藏起来。这个对我们影响太大了。洛书重在阴阳的变化，这点我们要特别小心。它相对的都是十，四跟六这两个斜角加起来就是十，八与二这两个斜角加起来也是十。可见它把十藏在四个角落里面，所以它不是乱来，也不是不要，而是藏在那里。

更妙的就是它整个的数字加来加去都是十。北方一加上南方九是十，东方三加上西方七是十。可见竖的加起来是十，横的加起来还是十，十藏在四方八面，只有当中的五屹立不摇。这就告诉我们做任何事情一定要有所变，有所不变；同时要把有所不变抓紧了，才可以放心地有所变。五立于中央是不能变的，中国人之所以动不动就要巩固领导中心，就是这个意思。领导中心一不稳，那什么都完了。五是体，后来我们把它叫作经。为什么中国人很重视经典呢？就是从这个五来的。十是用，是变。所以用五藏十，就是持经达变，这对我们的影响实在是太深远了。我们今天的人就是缺乏这样的修养，动不动就讲求新求变，其实是非常危险的事情，因为变到最后就没有根了。五是根，怎么可以变呢？为什么五是根呢？因为五是土。土为什么是根呢？因为金木水火离开土就都没办法存在。如果水没有土，水就流光了，就是因为有土才能保持水，水才可以被利用；火如果没有土，就往上冒，最后也不见了；金没有土藏不住；木没有土长不了，茂盛不起来。所以土是最重要的，最核心的，是不能变的。

洛书中气的运行，跟河图比较就有很大不同了。从一到三是阳气的运行，是顺时针的，从七到九则是逆行的，这两个是连不起来的。照理说应该是一三五，然后是九七，那才应该是阳的顺的路。可是现在有一个是逆的。这就告诉我们，一个人最好从小就走正道，可这是不太可能的事情。大家想想看，如果每一个人一生出来，也不用教育，也不用学习，自己慢慢就走上了正道，那人就跟动物完全一样了。那就是按照本能而行事，就没有什么自由意志，没有什么自主性，根本谈不上什么创造了，那宇宙怎么会进步呢？

现在我们知道了，阳是顺时针走的。人只要活着，就应该按照顺的阳的途径去走，这样当然最好了。可是万一走逆了，难道就不活了吗？如果走逆了，那么再走一遍顺的就好了，这有什么关系呢？所以我们慢慢就知道，一个人要成功，可以顺取顺守，也可以逆取顺守。

至于阴中的四到二、八到六，跟河图的方向就不一样了。现在我们就清楚了：河图是太极生两仪，就是生出阴阳两种气，阴的气是逆的，阳的气是顺的；可是洛书告诉我们，两仪还可以变出四象。洛书里面气的走向，则出现四个系统：一到三，七到九，四到二，八到六，这四个系统是不一样的。

我们再来看洛书的理。把河图和洛书两个进行比对（图9-6），发现一三五位置并没有变化。为什么会如此呢？因为一是水，这个水源是不能变的。

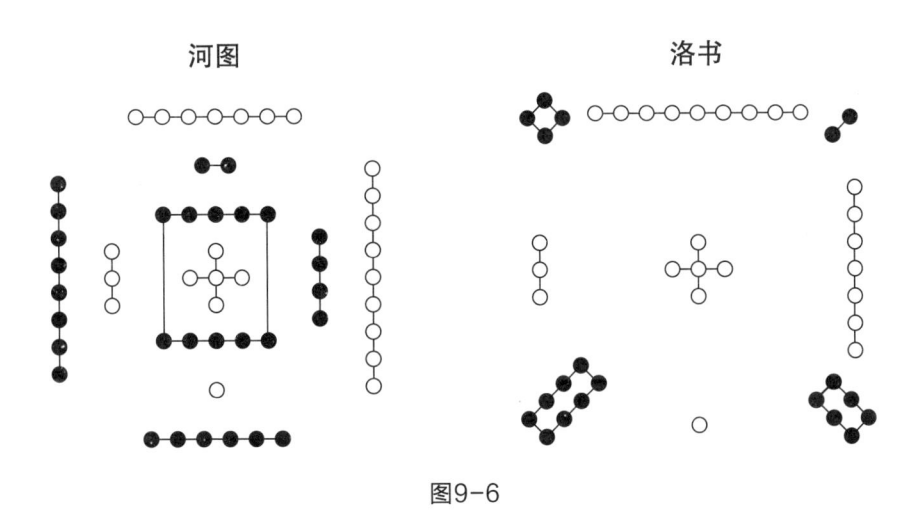

图9-6

不论人再怎么变，也不会变成不喝水都可以活，只要没有水，人就活不了。可见这个一是不能动的，因为一就是太极，当然不能动。一就是阳气，一就是正气，一就是天，人不能逆天，而是要顺从天理。

三是木。为什么三是木呢？因为它是东方。东方就是太阳升起来的地方，而树木最需要的就是太阳光带来的光合作用，因为光合作用能够使树木生生不息。东方跟西方为什么会有不同？就是它们的生气不一样。三为木，树木代表有生气的地方。人类自古以来，就是先找到一，找到三，这叫作逐水草而居。所以说，一跟三不会变。五更不能变，因为五是土，是我们的立锥之地，是我们生存的一个根基。一三五位置不变的事实再一次告诉我们，首先要有所不变，然后其他的可以放心地去变。

五居中是根本，我们把这个根本叫作经。而十不是没有，十是隐而不现，暗藏在每一个角落里面，四方八面都有十。这样就表示有了五以后，我们就可以放心地去变，变到什么都有。我们不能固守这个五，否则就变化不出来，也就没有创造，我们的生活没有变化，当然就不会有进步。可见老天是要人类进步的，是要人类改变的。但是**千万记住，一定要持经达变，绝不能离经叛道**。我们用现在的话来讲，大家会更清楚：**生活的原则不能变，生活的方式可以变**。

有了上面这些基础，我们再来看《易经》就非常容易了。什么阳九、阴六，什么阴中有阳、阳中有阴，什么阴极成阳、阳极成阴，还有阴阳的交易变化，都显得非常清楚。所以实际上由一画开天开始，到了六十四卦完成以后，天下所有的事情都在河图洛书所显示给我们的象、数、气、理当中。

十　破解《易经》的占卜之谜

- 女人的第六感比男人好，而男人的方向感比女人好。
- 占卜本身不是迷信，但占卜的人经常迷信。
- 人生本来就是几率的变化。正是因为有几率的变化，我们才有自主性，才可以自己去操作，才可能改变自己的命运。
- 人之大患，在好为人师。
- 一个人如果没有恒心，做什么事情都无效。
- 大家听到一句话，要想到这句话另一边的意思，把两边合起来，就能得乎中。

占卜有一定的限制条件

我在美国的时候,有位美国朋友就问我:"你会占卜吗?"我说:"不一定会,但是你要我占,我就占给你看。"然后他就说:"你占占看,明天是出太阳,还是下雨。"他心里想明天马上兑现了,看你往哪里跑。我很清楚他的心思,就说:"你打电话问气象台就知道了。"

我不是推卸责任,而是占卜有它的限制条件,有的可以占,有的不能占。为什么要有限制?因为心诚则灵,你不能跟它开玩笑,否则它也会跟你开玩笑,而且它比你灵光得多。所谓心诚则灵就是你要把它当作一回事来做,要很恭敬,不能说这个花样你没有尝试过,这次试试看。所以,占卜有五大条件,是大家需要注意的。

第一,当资讯不足的时候,可以占卜。换句话说,资讯很充足的时候,是不能占卜的。天气好不好,打电话去问气象局就知道了。但是大家要了解,气象局经常是测不准的,越重要的时候越测不准,而且物理学就有一个"测不准定律"。机器越来越进步,人员越来越专业,方法越来越缜密,怎么会测不准呢?一句话就讲清楚了,因为测的时候很准,但是测完以后它又变了。我测出明天出大太阳,但老天不一定听我的话。其实老天现在也很忙,各种情况都在发生,本来是出太阳,一下子又变成下雨了。所以,是测了以后又改变了，而不是测不准。

以前的人测得准，现在的人不容易测得准，因为以前的人听了以后会相信并且配合，所以就很准。现代人是你说东，他偏偏走西，就不相信你这套，自然就不准了。请问大家，既然测不准，还要不要测？答案很奇怪，正是因为测不准，所以才要测。如果测得不准，我就不测了，像这种观念是错误的。

我也去看过命，因为我试试看才知道算命先生的功力有多少。如果我坐下来，算命先生就开始讲身体健康最要紧，到这个年龄不要太操心，子孙自有子孙福，我就知道这个人是半路仙，因为他讲的都是常识。就好像我去按摩的时候，那个按摩的说我的肩胛骨有劳损一样，我一句话都不回，否则他会受不了。一个人活到我这个年龄，骨头还不劳损的，那是妖怪，哪里是人，所以他讲的都是废话。

我还碰到过一个算命先生，他先问我爸爸怎么样了，我说已经往生三年了，然后他说："对呀，他本来应该五年前就走了，因为你们孝顺所以多活了两年。"我就知道他是鬼话连篇，都是在套你的话，再据此说一些模棱两可的话。

那么，用什么方法可以证明算命先生是真的还是假的？很简单，如果他是真的，去买几支股票，就可以收摊去度假，过很好的日子了，还这么辛苦干什么？但是多数人都会相信他说的话，觉得他真的很厉害。大家想想看，几个人进来，他先招呼大家落座。落座以后，他就说："你们几位相貌堂堂都很好，但他是领导。"他是怎么知道的呢？很简单，他让你们就坐，你们几个让来让去，就告诉他谁是领导了。这种招数谁都会用，你却上当了，还认为他很神。算命先生说一句话，你现在很好，但是会犯小人，要小心。你回去以后，从晚上想到天亮也没想出小人是谁，他已经在睡觉了，你还在想。当然，我并不反对这些事情，因为都是自作自受。

我有一个长辈，年龄已经比较大了。他很会紫微斗数，而且很灵。我就跟他请教算命有什么原则，他说："算命当然有原则，要不然我的眼睛老早就瞎了，因为有原则，所以到现在我的眼睛还看得见。"我说："那好，有什么原则？"他说："第一，老人家不算。一个人活到这么久了还不知道自己是什么样的，还要问，那真是白活了。以后就是死路一条了，根本不用算。第二，小孩子不算。因为将来会变，女大十八变，男大没有十八变也有十六变。第三，进来神色自若的不算。因为他那么无牵无挂、稳稳当当的，来算命其实就是想考我，我就知道不用算。喝茶就好，其他的不问。第四，进来愁眉苦脸的不算。因为我马上就知道，年纪大的一定是替子女操心，年纪轻轻的一定是爱情有问题，多半都对。"中国人很会套人家的话，一套整串都出来了，然后就开始这样分析那样分析。他不是，他讲的话都是两边倒，所以生意就不好，很多人去一次就不去了。

在《易经》中，凡是卦名很好的，爻辞一般是凶的；凡是卦名听起来不好的，爻辞多半都很好。很多人一卜到大过卦，就认为很不好。其实大过有什么不好？它告诉你要做的这件事情是很大的，你要有决心。要么成功，要么成仁，就叫大过。大过卦很简单，中间四个阳爻，上下两个都是阴爻。（图10-1）这个卦的卦象很像一副棺材，里面一个人硬邦邦地躺着，上下四个钉子钉下去。（图10-2）棺材就是从大过卦的象来的，意思是犯了大过，成仁了。

大过卦

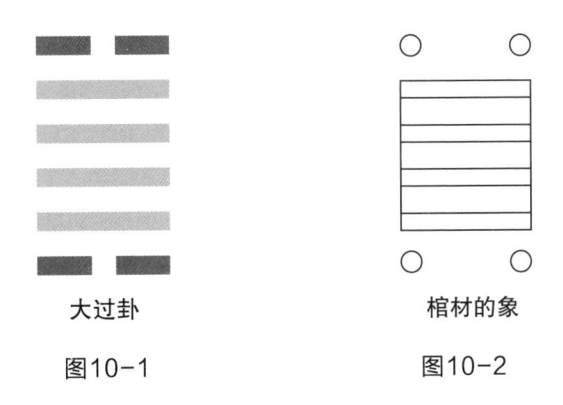

图10-1

棺材的象

图10-2

但是，如果只有成仁这一条路，那谁也不敢犯大过，世界上也不会有革命家。所以，我们也可以从两边各画一条线，线的外面是河的两岸，中间是由很多木板组成的桥，然后两边固定在岸上，人就可以通过了，那又是一番新的前途。（图10-3）永远有两种不同的说法，不要老从一个角度去看，否则就糟糕了。

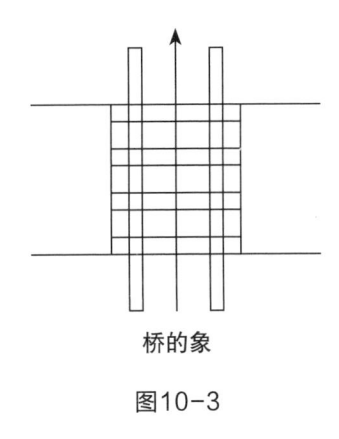

桥的象

图10-3

两个阳的在一起，大家会觉得太刚了，任何事情太刚都是不好的，所以赶快用两个阴的来补，可是这样又太软弱了，然后再来一个阳的，一个阴的，这个卦就是节卦（图10-4）。节卦是《易经》的第六十卦，告诉我们如果活到六十岁，就要开始节制自己了，因为已经不是年轻人了。大家看节卦的卦象，它就相当于我们的身体。初九是我们的脚，要硬朗。九二是我们的腿，要有力。六三是我们的肚子，要软。六四是我们的心胸，要软。九五是我们的脖子，要硬。上六是我们的头，要摇摆不定。一个人如果把身体调整成这样，就不得了了。

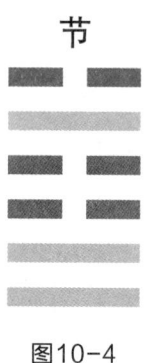

图10-4

实际上，每个卦都有很多种解释。《易经》本来就是很空洞的，但也是很灵活的，大家自己去想象。每一个人讲《易经》，多半都是讲自己的东西，而不是讲伏羲的东西。因为伏羲没有讲任何话，他只是画几个画而已，被很多人讲来讲去，却都算到他的头上。

一个人历练不够，最好少讲《易经》，如果只会在文字上做文章，那文字就成为障碍了。比如"帝出乎震"，很多人解释成以前的上帝就是雷，完全是笑话。从文字上面去解释是非常要命的事情，文字只是一个代表而已，它的目的是要你去悟，如果悟不到就少说话。很多人听到无妄卦，就说是无妄之灾，不得了。其实无妄卦是好卦，无妄就是没有妄念，告诉你没有妄念的时候什么都不需要怕。人生就是求没有妄念而已，可是一般人做不到。

静坐为什么很难？就是因为我们一坐下来，就开始想东想西，根本控制不了。好不容易静下来，马上想去上个洗手间，就去了。对于这种情况，闽南话讲得最传神：懒人多屎尿。你就是懒，才会一会儿小便，一会儿大便。很多人乱改经典、乱加东西，才搞得乱七八糟。如果你真的有本事，加进去没问题，问题是你没有，东搞西搞，一本好好的经典都被搞坏了。

第二，没有主见的时候，可以占卜。当资讯不足，但是你很有主见的时候，也不能去占卜，因为你的第六感很灵，还卜它干什么？当人的五官不清楚的时候，第六感会出来。第六感是不会骗人的，可是我们都不相信它，这是非常奇怪的事情。实际上，第六感就是灵感，而灵感是琢磨不定的。

坦白讲，女人的第六感比男人好，而男人的方向感比女人好。开车要往哪个方向走，不要问太太，如果要问，她讲东，你就往西开。可是你要想知道去找的那个人在不在，你没有办法判断，就问太太，她说在，多半在，她说不在，你就不要去了。有的事情问男人比较好，有的事情问女人比较好，大家不要搞错了。现代人很多时候都是方向搞错了，该问的不问，不该问的拼命问，该相信的不相信，不该相信的拼命相信，这是非常不好的。

第三，游移不定、左右为难的时候，可以占卜。如果资讯不足，你又没有主见，只好占卜。如果你有主见，但是又游移不定、左右为难，也可以占卜。

第四，占卜的时候，要有固定的问项。你不能占卜的时候问自己的将来会怎么样，因为将来很长，变化很大，谁也不知道会怎么样。你也不能问某个人好不好，因为有时候好有时候不好，你让它怎么回答呢？像这些模棱两可、不具象的问题，不要问。

所以，你的问题一定要很明确。比如，我这次投资成功的几率有多大？不能问投资好不好。而且，一定要问成功，因为《易经》是问好的，不问坏的。你也不能问诸如"隔壁什么时候会死"这样的问题，因为《易经》不为小人谋。其实，卜卦只能问公事、问大事，如果问小事，它经常不告诉你，因为小事要你自己去做，它告诉你干什么？

第五，占卜的时候，要诚心诚意，对于占卜的结果应持谨慎态度。要么不卜，要卜就要相信。不能卜了一个说不算数，再卜一个，或者干脆随便抓一个，那是在开玩笑。记住，占卜本身不是迷信，但占卜的人经常迷信。

占卜是数字演变的过程

我们讲的占卜方式都是数字的变化。比较常见的占卜方式有两种：一种是大衍之数，一种是铜板。

我们先来看大衍之数。《系辞传》第九章，上面写得明明白白：大衍之数五十。我们要卜卦，以前是用五十根蓍草。可是因为蓍草的尊贵性和难得性，所以我们不能一下就把它拔光了，这样以后没有了。因此我们现在不用五十根蓍草，而是用五十根筷子、五十个树枝、五十个铜板、五十个扣子，只要是五十个同样的东西，都可以卜卦，而且也不会有什么区别。

为什么说"大衍之数五十"呢？衍就是演绎、推演的意思。关于五十的说法很多，有说这样的，有说那样的，大家都可以参考。现在，我们去看看《易经》六十四卦的卦序，第五十卦是什么呢？第五十卦就是鼎卦。鼎卦的意思是说：我现在要卜一件事情，祈请不管是哪方神明，都要鼎力相助啊！

"其用四十有九"，就是五十根蓍草用四十九根，有一根不用。这是什么道理呢？这更容易理解了。因为如果用五十根，两边一分刚好一边二十五，那不糟糕了吗？两边都是奇数。如果拿掉一根，剩下四十九根，无论怎么拿，都是一边是奇数，一边是偶数，这样就分出阴阳了。而且《易经》的第四十九卦正好是革卦，革卦的意思是说要有所变革，想革故鼎新，弃旧开新，所以才请神明鼎力相助。通过这样的一种表达方式，占卜者就能把心念集中在一起，发出诚信的那种力量。这样解释不是很简单吗？而那根不用的蓍草就当作太极，太极是不动的。

然后是"分而为二以象两"，把一根拿出来，说：拜托，请鼎力相助啊！我现在想要有一番作为，革故鼎新，请告诉我情况怎么样。接着把四十九根分而为二。分而为二就是太极生两仪，分阴分阳。

"挂一以象三"，就是从一侧里拿出一根，挂在另一只手的无名指与小拇指之间，就变成了三才，代表天地人三才，完全符合《易经》的道理。挂一以象三，是拿左边的还是右边的？正面看和反面看，左右正好相反，所以怎么拿都有道理。比如我们到庙里头去，要靠哪边走呢？我们常常说左青龙、右白虎，到底是以坐向定还是以面对定？就很难搞清楚。我们以前所讲的方向，大概都是以坐向确定的，都是以它为主，不是以我为主。两仪在左边的象天，在右边的象地，即在左边的策数中分出一策象人，挂在右手的小指间，以象天地人三才。

取左边的蓍草，执于左手，以右手四四揲之。就是以四策为一计数单位，揲之就是数之，一数就是四策，以象征一年的春夏秋冬。数到最后，视所余的策数，或一，或二，或三，或四，都算是奇数，即将此奇数之策扐在左手的第三、第四指之间。此即归奇于扐以象闰。已经四四数过之策则放回左边。

次取右边之策执于右手，而以左手四四揲之。这也是揲之以四，以象四时。数到最后，视所余之策，或一，或二，或三，或四，都算是奇数，而将此奇数之策扐在左手的第二、第三指之间。此即五岁再闰，故再扐而后挂。已经四四数过之策则放回右边。揲蓍到此，是为第一变。

检视扐在左手三四指间的左余之策，以及扐在左手二三指间的右余之策，如左余一策，则右余必三策，左二则右亦二，左三则右必一，左四则右亦四。合计左右所余之策，以及在右手小指间的一策，即是一挂二扐的策数，不是五策，就是九策。即将这五策或九策另置一处，第一变即告完成。

再将左右两边已经数过的蓍草合起来，检视其数，或是四十四策，或是四十策，再度分二、挂一、揲四、归扐，如第一变这样。最后检视左右所余之策，左一则右必二，左二则右必一，左三则右必四，左四则右必三。合计左右所余之策，以及挂在右手小指间的一策，即是一挂二扐的策数，不是四策，就是八策。即将这四策或八策另置一处，是为第二变。

又将左右过揲之蓍合起来，检视其数，或四十策，或三十六策，或三十二策，如第二变那样分二、挂一、揲四、归扐。最后检视左右所余之策，与第二变同，则将所余之策与挂一之策合之，另置一处，是为第三变。

三变而成一爻，计算三变所得挂扐与过揲之策，便知所得何爻。如三变合计得挂扐十三策，以减四十九策，则知三变合得过揲的策数是三十六策，以四除之，因为揲蓍时是以四四数之，此处故以四除，则三十六得九，是为老阳。如三变合得挂扐二十五策，则知三变合得过揲二十四策，四除，得六，是为老阴。如三变合得挂扐二十一策，则知三变合得过揲二十八策，除以四，得七，是为少阳。如三变合得挂扐十七策，则知三变合得过揲三十二策，以四除之，得八，是为少阴。

如是三变而成初爻，即将初爻画出。以下不再命蓍，即用四十九蓍，分二、挂一、揲四、归扐，再经三变而成二爻。以后每三变都是如此。一卦六爻，十八变而成一卦。画卦时，由下往上画。前九变而成三爻，出现一个三画卦于内，即是初二三爻，称为内卦。后九变又出现一个三画卦于外，即是四五上爻，称为外卦。得内卦是小成，得外卦是大成。六十四卦皆是如此。

铜板的占卜方式相对容易操作一些。我们用铜板的正反两面。不是说它只有正反两面，而是用它的正反两面。假设正面为三，反面为二。把三个铜板一起拿来，总共有四种组合：三个都是正面，加起来是九；三个都是反面，加起来是六；两个正面一个反面，加起来是八；一个正面两个反面，加起来是七。它一共只有四种变化，所以为什么太极生两仪，两仪生四象，就是因为一共只有四种组合，生不出第五种来。可见，一个铜板、正反两面、三个连用、四种组合，一二三四推演出六七八九，整个的占卜过程完全是数的变化。

所以，大家要问任何事情，可以把三个铜板放在手上，恭恭敬敬地问：这件事情我该不该做？千万不要问这个工作怎么样，它不太会回答这样的问题。《易经》告诉我们一切要往正面想，不要往负面想。很多人在争论到底是成功为失败之本，还是失败为成功之本，其实两句话是一样的，成功就是失败的本，失败就是成功的本，两个都对。但是我们多半会讲失败为成功之本，大家这样去了解就知道什么叫《易经》了。**《易经》是扶阳抑阴的，它希望我们朝阳面去想，给我们最大的激励。**

三个铜板转一次，一个数就出来的，如果是七或九，就是阳爻；是六或八，就是阴爻。（图10-5）然后以此转六次，六个爻就出来了。记住，在画卦的时候，要由下而上，不要由上而下。很多人看中国人的事情都说是上面的人讲了算，其实不对，下面的人讲了才算。因为"天听自我民听"，政治家要听民意，只要不符合民意，不管讲什么都是白讲的，这些道理都来自《易经》。

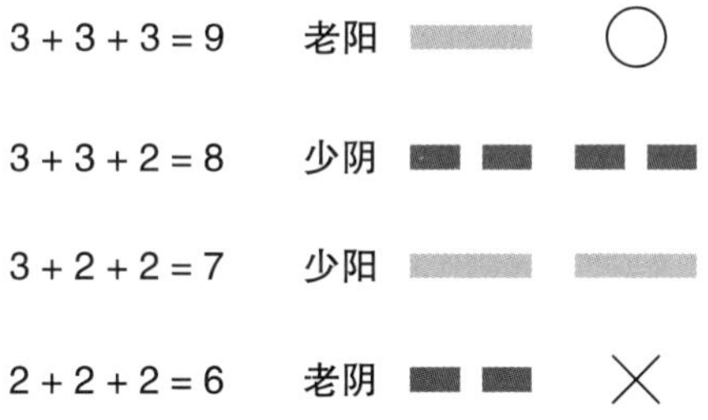

$$3+3+3=9 \quad 老阳$$
$$3+3+2=8 \quad 少阴$$
$$3+2+2=7 \quad 少阳$$
$$2+2+2=6 \quad 老阴$$

图10-5

大家看我们前面讲的节卦（图10-6）。我们用九跟六来代表阳和阴，阴就是六，阳就是九。所以，第一爻是阳的，叫初九；第二爻是阳的，叫九二；第三爻是阴的，叫六三；第四爻是阴的，叫六四；第五爻是阳的，叫九五；第六爻是阴的，叫上六。这次三个铜板转出来的结果是七七八八七八，出来的数有阴有阳，但是左边的注记只有阴阳。大家要清楚，如果只是七跟八，就表示这件事情相当单纯，没有变化，你照卦所指示的去做，大概八九不离十。

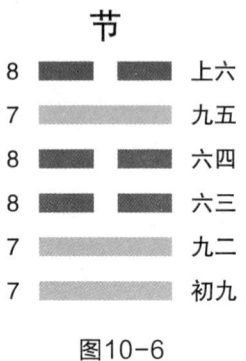

```
节
8  ▬▬ ▬▬   上六
7  ▬▬▬▬▬   九五
8  ▬▬ ▬▬   六四
8  ▬▬ ▬▬   六三
7  ▬▬▬▬▬   九二
7  ▬▬▬▬▬   初九
```

图10-6

如果同样是节卦，但卜出来的数是九七八六七六，就表示有变卦。依据七八不变，六九变的原则，阳变阴，阴变阳，所得的卦叫变卦。九七八六七六，变卦是讼卦，叫作节之讼（图10-7）。

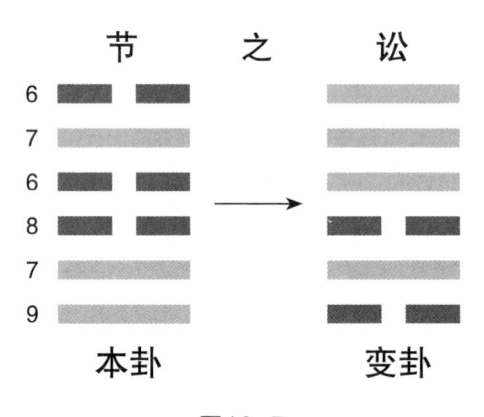

```
       节      之      讼
6  ▬▬ ▬▬           ▬▬▬▬▬
7  ▬▬▬▬▬          ▬▬▬▬▬
6  ▬▬ ▬▬    →     ▬▬▬▬▬
8  ▬▬ ▬▬           ▬▬ ▬▬
7  ▬▬▬▬▬          ▬▬▬▬▬
9  ▬▬▬▬▬          ▬▬ ▬▬

   本卦             变卦
```

图10-7

很多人看到讼卦先问好不好，从现在开始不要有好坏的观念，因为根本没有好坏。讼卦讲的是打官司，它告诉我们打官司赢也是输，输也是赢，最后只有律师把钱赚去了。老实讲，律师也不在乎赢输，因为赢也赚输也赚。法官一看，这个律师又来了，前几次都是他赢这次让他输一下。所以为什么会出现一审跟二审差很多的情况，大家这样一看，就知道那都是很正常的现象。

讼卦给我们最要紧的启示是什么？大家想想，是有钱有势的人告没钱没势的人，还是没钱没势的人告有钱有势的人？一想就通了。有钱有势的人何必去告没钱没势的人？都是没钱没势的人去告，开口就是"大人，冤枉啊"，那一定是输。你这样去想，就知道该不该诉讼。讼卦告诉我们，和解是最优先的。所以，好的法官会告诉你："这是小事情，不要再告了，出去讲一讲，庭外和解吧。"

如果有一天你进了法庭，首先要看看法官的年纪是大还是小，小的话你就倒霉了。要知道，法官判案有很大的弹性，比如这个案子法律规定八年以下两年以上，碰到年轻的法官可能判八年，碰到年纪大的法官可能只判两年，因为他知道自己以前经常判错的结果会怎么样。所以年纪越大的法官，判得越轻，年纪越轻的法官不知道天高地厚，都判得很重。以后开庭看到法官年纪轻轻的，你赶快假装晕倒然后送急救，最后申请不在这里审，否则你有什么办法？人生本来就是这样，有太多的变数，我们自己要去掌握。中国人常常讲，又变卦了，就是任何事情都有可能随时会变。

同样三个铜板，转出七八的几率比较高，转出六九的几率比较小。坦白讲，**人生本来就是几率的变化。正是因为有几率的变化，我们才有自主性，才可以自己去操作，才可能改变自己的命运。**如果一切都是定的，那根本就不需要测了。

假定我们占出来的数是八七八八八七，就是蒙卦（图10-8）。我之所以特别讲蒙卦，就是因为人要来做人的时候是有一个规划的，叫作天命。人是带着天命来投胎的。所谓天命，就是先天带来的人生规划。我们现在都讲后天的人生规划，其实如果一个人后天的人生规划跟先天的人生规划相悖，那做了半天都是徒劳无功的。如果后天的人生规划跟先天的人生规划很配合，那就顺理成章，因为本来你就要做这件事。可是人出生的时候，经过产道的挤压，出来以后把先天的人生规划忘得一干二净，这才会哭。中阴身就是你这一辈子的模型，你要选谁做父母，要长成什么样，要做什么事，未出生前自己都知道，而出生后忘得一干二净，所以才要启蒙。

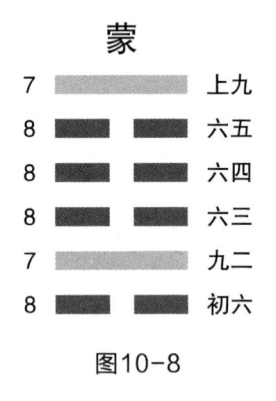

蒙

7	▬▬▬▬▬	上九
8	▬▬ ▬▬	六五
8	▬▬ ▬▬	六四
8	▬▬ ▬▬	六三
7	▬▬▬▬▬	九二
8	▬▬ ▬▬	初六

图10-8

我们每个人都要启蒙，启蒙不是告诉你什么，而是启发你原有的东西，也就是先天的东西。所谓潜力，就是先天带来的东西。通过启蒙，让你慢慢知道自己原来要做这个。蒙卦第一个字是亨，一个人知道自己很蒙昧，知道自己很无知，那就是很亨通的。如果觉得自己什么都知道，不用别人讲了，那根本不会亨。人一生下来本来是亨的，后来越来越不亨，就是因为"我知道了，你不用讲了"，结果什么都不知道。

举个例子，人家问你知不知道张三最近的事情，你会怎么回答？如果你说知道，那人家就不告诉你了，既然你都知道了，他还讲什么呢？那你就一无所得。如果你说不知道，他也不会告诉你，因为你不知道而他告诉你了，那你知道的都是他说的，不划算。大家有没有发现，中国人说对不行，说错也不行；说知道不行，说不知道也不行。中国人都讲第三种话：没听说。没听说不是我不知道，而是没听说而已。对方听到你没听说，他就会告诉你上礼拜怎样，昨天怎样，早上怎样，讲一大堆。然后你才讲，不是这样，我比你知道得还多。我们就是这样，我问你，你说没听说，我才告诉你。你不说我怎么知道是你知道还是我知道，现在你说完，我才知道原来我比你知道得还多，这是标准的中国人。现代人脑筋转不过来，不懂得这一套，认为是落伍的、是包袱，甚至总觉得中国人乱七八糟，真是莫名其妙。老实讲，谁都不知道谁知道，因为真相一直在变。

蒙卦卦辞中这几句话非常重要："匪我求童蒙，童蒙求我。"这个人不知道，我去让他知道，没必要。记住，人之大患，在好为人师。我告诉你你要怎样，都是白讲的。当一个人不想知道的时候，你少告诉他什么事情，那么啰嗦干什么？我从来不称呼自己是老师，因为老师是别人叫你，不是你自己说的。但是现在太多的人都在讲老师怎么样，我心里想，你算什么老师？

我从不主动说某人是我的学生，而且一辈子都不会说这种话，因为我知道，如果我说某人是我的学生，那我就倒霉了。人家有一天会问他，"曾教授说你是他的学生"，他会怎么回答？一定说没有什么印象，因为有一阴就有一阳。有人问我："你是他的老师？"我会说："哪里，我们是老朋友。"这个人回去就会说："曾教授说他是你的老朋友。"他会说："什么老朋友，他是我的老师。"他就承认我是老师了。很多人连这个都不懂，还读什么《易经》？兵法讲声东击西就是这个道理。"道者，逆之反"，道是走反的路，有时候顺着走，有时候逆着走，随时看情况而变。

"匪我求童蒙"，"匪"就是非，我不能主动去教任何人。"童蒙求我"，我看你诚心诚意来请教，我才会考虑要不要告诉你，告诉到什么程度。"初示告"，你第一次来问的时候，我会告诉你。"再三渎，渎则不告"，你一问再问，我就知道你根本就是冒犯，那我就不告诉你了。"利贞"，对正事有利，对不正的事情没有利。

现在很多从美国回来的人都告诉孩子，要勇敢地举手，勇敢地发问，认为中国人就是不敢问。其实这些人完全不懂得什么叫教育。颜回是孔子最心疼的学生，他跟他的爸爸同时去做孔子的学生，你就知道颜回有多年轻。曾子也是跟他的爸爸同时做孔子的学生，你就知道曾子有多年轻。有一天，孔子讲"吾道一以贯之"，没有人敢问。孔子离开以后，大家就在探讨什么叫"一以贯之"，那时候曾子实在太年轻了，他就说"忠恕而已"。这句话传到了孔子的耳朵里，孔子觉得很好笑，"一以贯之"居然只是"忠恕而已"，这种话是非常不敬的，所以孔子才会讲"曾也鲁"，曾参这个人很鲁钝。很多人读书没有读通，也认为"一以贯之"就是"忠恕而已"，其实不然。

颜回刚拜孔子为师的时候，因为听他的爸爸说孔子很厉害，所以碰到问题就问，一直问一直问，问到孔子大发脾气："你总是问，不会自己去想！"这让颜回觉得非常难堪，回去瘦了一圈，一个礼拜不敢讲话，一直在反省自己错在哪里。后来他想通了，孔子不是不要别人问,而是不要马上就问。孔子的话,你听完了要回去想一想,想不通还要跟同年龄的人商量商量,或者问问看,如果人家懂了,你就得到了答案,如果大家都不懂,你要尊重年长的人,请他去问问老师,因为你这么年轻不方便问,这样才对。更不能什么都问,要举一反三。所以,不要只说孔子有教无类,那只是一方面。孔子一方面有教无类,没有什么限制,你有心学他都教。另一方面你要举一反三,否则一直问一直问就是在冒犯他,他就不要这种学生。

这样大家才知道,为什么中国人问问题不太会公开地问,都是私底下问,就是这个道理。因为你一举手问问题,所有人都在笑你,连这个都不懂,连这个都问。如果你问他:"你懂吗?"他会说:"我也不懂。""不懂为什么笑?""就是笑懂的。""你不懂又不问,那就永远不懂。""哪有这回事,我问旁边的人就好了,干吗举手出丑呢?"这样就对了。每次碰到这种事情,我都觉得很遗憾,我们都是被老师所误,老师拿到了博士学位,他有光环,讲得头头是道,你就相信了,最后只会自作自受。

孔子说,"唯女子与小人为难养也",那是因为特别的事情而发出的感慨,不是通论。如果你把它当成通论,那孔子就不像孔子了。孔子有时也会开玩笑,比如有一次,他说:"我看道是行不通的,干脆弄条小船到海上去悠哉悠哉算了。"马上有一个人说:"老师,我陪你去。"这个人就是子路,非常鲁莽。所以孔子说,子路这个人有勇无谋,将来会死得很难看。他连我讲这种话都会相信。我会放弃理想,弄条小船去悠哉悠哉吗?就算会的话,我也不会讲,偷偷就去做了。这才是孔子。

记住,"再三渎"。当我们去请教人家的时候,不管你接受不接受,要马上先去了解、适应,然后试试看,有问题再反馈回去,来来回回两三次你就通了。有问题要不要问?说要的是死脑筋,说不要的还是死脑筋。

老实讲,有时候是要问的。比如总经理从一个很特别的地方回来,他很想找个机会炫耀一下,你都不配合他,那他恨死你了:平常我对你那么好,你连这点儿都不懂。所以,你要站起来,说:"总经理,你去过很多地方,但是这次去的地方很特别,我们从来没有去过,能不能利用一点儿时间跟我们分享一下?"他会高兴得不得了,然后找机会升你三级。这是拍马屁吗?当然不是,这是给你机会。总经理讲笑话,你马上说"换一个,这个我们听过三次了",那总经理恨死你了,一定找机会降你三级。所以,大家要搞清楚,一个人会升还是会降跟这个时候的事没关系,都是那个时候种的因。原因很少是近因,近因只是导火线而已,那是很小的事情,真正重要的事情在那边,不在这里。

现代人应有的占卜态度

现代人对占卜的态度是两极化的，一种是拿孔子说的"子不语怪力乱神"做借口，不敢去接触。一种是口是心非，心里面明明非常喜欢但是嘴上却不敢承认。这两种都是伪君子。其实，我们只要恢复三分法的思维，就了解了。

孔子说"不占而已矣"是有条件的。老实讲，我们的读书人经常断章取义，这非常对不起圣人。孔子是不反对占卜的，他只是不赞成替没有恒心的人占卜吉凶。《论语·子路篇》中有这样一段话，"子曰：南人有言曰：'人而无恒，不可以作巫医。'善夫！不恒其德，或承之羞。子曰：不占而已矣。"孔子说南方的人有一句话，一个人如果没有恒心，连做医生的资格都没有。因为病人是要经过调理的，不是一下子病就会好。

其实，任何病给它七天的时间是最好的，现在都是要马上就好。我告诉大家，凡是看病说马上就好的医生，你少去找他，因为他一定给你特效药，要不然怎么马上会好？所谓特效就是特别有效，下面还有一句话，久了就没有效了，因为全身都被搞得紧张兮兮，一点儿抵抗力都没有了。真正好的医生是慢慢来，一周之内让你好，这也是《易经》"七日来复"的道理。人要慢慢地好，培养自己的抵抗力，否则一味依靠特效药，最后什么抵抗力都没有了。

可是现代人都是这个要看三四次太麻烦了，还是去那个看一次就好的吧。其实这是完全错误的。记住，**一个人如果没有恒心，做什么事情都无效。**

《易经》恒卦里面也有这样的话："不恒其德，或承之羞。"（图10-9）一个人如果没有恒心的话，经常会受到羞辱。孔子说"不占而已"，是针对那些没有恒心的人而言的，不是全部。我们断章取义，就说孔子反对占卜，那是不对的。当然，我们还有一句话，叫作"善易者不卜"，这句话是荀子说的。他的意思也不是不占卜，而是说当你对《易经》很精通的时候，是不需要卜的，因为你掐指一算就知道了。其实从"一阴一阳之谓道"大家也应该知道，"善易者不卜"就是说没有到"善易"的还是要卜。

恒

九三：不恒其德，或承之羞，贞吝。

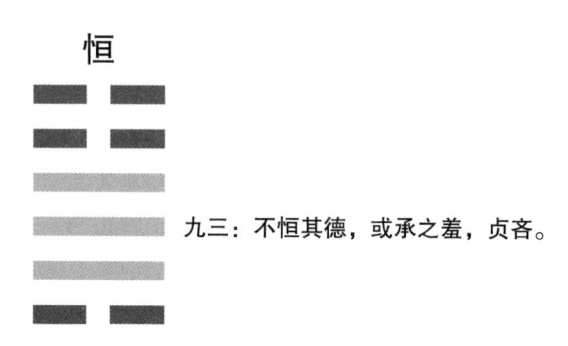

图10-9

占卜是有道理的，但是不能完全相信，因为有时候准，有时候不准。今天我们用数学的概念来看，就很容易理解，这叫作概率。可能有30%的概率，也可能有70%的概率。所以如果想占卜，必须先经过深思熟虑，大概有一个答案以后，才可以根据这个答案去卜，卜出来的结果会引导你去想这些问题。多一个卦，就让你多一个思考的方向。所以，多看几个卦以后，你就会比较周到地去考虑问题，这才是占卜的目的。

一个人要常常提醒自己用理智去指导感情，而不要让情绪来左右理智。人都有情绪，但是不能情绪化，一旦情绪化，最后倒霉的只有自己。只要大多数的行为都是用理智来指导感情，这个人就很了不起，犯错的几率就很小。

《易经》告诉我们，任何事情都是有条件的。要达到一个目的，会有几条路可走，但每条路都是有条件的，并不是说你选定的这条路就一定好走，天下绝没有这回事。因为从《易经》的观念来看，任何一条路都有顺有逆——顺里面有顺有逆，逆里面也有顺有逆。用阴阳的观念来看，太极里面有阴阳，阳里面又有阴阳，阴里面也有阴阳，阴阳同时存在，时时刻刻会变化。

从现在开始，大家听到一句话，要想到这句话另一边的意思，把两边合起来，就能得乎中。所以，当一个人告诉你没有问题的时候，你就要知道，还是有很多问题，然后继续深入了解、追踪，才会真的没有问题，否则就可能变成大问题。当一个人告诉你问题很多的时候，你就知道，只要去化解，总有一天问题会变得很少，到最后就没有问题了。这才叫《易经》。

举个例子。我认识一个人，她拿到了博士学位，有一天她跟我说："哎呀，曾老师，有一个人算卦真灵。他说我会找到一个海岛，并在那个海岛住下来。果然我走了很多地方，最后找到了一个海岛住了下来。"我对她说："不是他算得灵，而是你全力去配合，所以他才灵。"大家想想是不是这样？你到了海岛，然后决定要留下来，是你本来就打算留下来，这算什么灵？

有一年，我的好朋友主动告诉我要小心，因为我那年十月有血光之灾。我嘴上说"谢谢"，心里头就开始想，今年无论如何不要让它有血光之灾。有没有效呢？事实是我们经常算得到，但躲不掉。有一个人算到自己有血光之灾，他就在那个月待在家里面，连卧室都不出。他心想，我整天待在家里，你能拿我怎么样？结果还是发生了血光之灾，因为外面有人打弹弓，正好打到他床头旁边的镜子上，镜子破了，伤到了他。

算得到，躲不过，但是可以大化小。那一年，朋友说我有血光之灾，果然我最后还是被自行车撞到了。我正好到北欧去，在北欧你不用怕汽车，但一定要怕自行车。所以我们常说要入境问俗。北欧的自行车从不让人，政府买了很多自行车给市民骑，骑到哪里就停在哪里，因此骑自行车的人非常之多，而且横冲直撞。凡是纵容某一样东西，那样东西一定会造成灾祸；凡是政府鼓励什么事情，那件事情一定泛滥成灾。有一好，没两好。我被自行车撞到了，既然撞到了也就无所谓了，因为已经化小了。人生就像竹子一样，要一节一节地过，你才能成长。

我希望大家了解，不管占到什么卦，它都会给你一些警示。有一次，我在一个研究所让学生卜卦，有一个女生很年轻，她也卜到了讼卦。大家都笑她，说："你这么年轻跟谁打官司？"她当然不会讲。所以我就问她："你应该不会打官司，这个卦是替别人卜的吧？"她说是替父亲卜的，他最近正在打官司。这就是其他的人历练不够才看不清楚，我一看就知道不是她，而一定是跟她有关系的人。然后我问她："打了多久官司了？"她说："刚开始。"我就对她说："回去告诉你爸爸，庭外和解是上策。"

有一家做布的，布的销路非常好，于是很多人就开始仿冒。请问大家，仿冒好不好？如果你说不好，那是笑话；如果你说好，那更是笑话。大家慢慢去想，凡是回答好与不好的都是笑话，因为那就是阴阳分家。如果你的布不好，人家会仿冒吗？就是因为你做的布太好了，才引诱他来仿冒，这才是事实。有人仿冒，此风不可长。老板就派业务员去抓，抓回来了，他有没有去告这些仿冒的呢？没有，因为他知道告也没有用，一告反而仿冒的更多。怎么办呢？这家布店的老板就找了一个有头有脸的人出来协调，说你们仿冒赚得也差不多了，不要再仿了，或者你们仿仿别人的。大家都说好好好，就照做了。可见，有时候庭外和解比法院判决，要划得来。像这种民事，法院可能拖个五六年，五六年之间的变化谁也不知道，可能你的店都倒闭了，仿冒的还在那里，那你告他干什么？很多人说老板这样做太软弱了，说这种话的人其实完全不懂道理。

我们讲的这些，大家要举一反三，可以拿来做参考用，但是不要完全相信，这样就好了。

我们前面提到孔子的"不占而已矣"，其实，孔子说这句话是有三个原则的。

第一，如果相信占卜，就违背了伦理的立场。因为人应该凭良心，不应该问了结果再做事。遇事必占卜，就是相信结果而违背良心。本来应该做的事，一占卜结果不好，就不做了，这样的人还有良心吗？完全相信占卜，就会跟自己的伦理立场相违背，这是孔子说这句话的第一个主张。

第二，人应该只问耕耘，不问收获。你一占卜就是在问收获：这件事能赚钱我就做，不能赚钱我就不做。这基本上是不对的。

比如商业是要服务顾客的，你口口声声为顾客服务，不赚钱就不做了，那叫服务吗？我们的公共汽车有很多线路，有些线路是赚钱的，有些线路是亏本的，那铁定亏本的线路就不运营了吗？不可以。应该用赚钱的线路去补贴亏本的线路，这才叫作为商之道。

第三，我们做人做事的动机要很纯正。一件事，还没有做，就先想到占卜。你的动机就不纯正了。

所以，从现在开始，归根结底一句话：**只问应该不应该，少问结果会怎样。应该做的事，纵然有万难，也要想办法去排除，纵然最后会很凄惨，也要坚持去做，因为那是你的责任！**

附 录

系辞传（上）

1.1 天尊地卑,乾坤定矣。卑高以陈,贵贱位矣。动静有常,刚柔断矣。方以类聚,物以群分,吉凶生矣。在天成象,在地成形,变化见矣。

1.2 是故刚柔相摩,八卦相荡。鼓之以雷霆,润之以风雨,日月运行,一寒一暑。乾道成男,坤道成女。乾知大始,坤作成物。

1.3 乾以易知,坤以简能。易则易知,简则易从。易知则有亲,易从则有功。有亲则可久,有功则可大。可久则贤人之德，可大则贤人之业。易简，而天下之理得矣；天下之理得，而成位乎其中矣。

2.1 圣人设卦观象，系辞焉而明吉凶，刚柔相推而生变化。

2.2 是故吉凶者，失得之象也。悔吝者，忧虞之象也。变化者，进退之象也。刚柔者，昼夜之象也。六爻之动，三极之道也。

2.3 是故君子所居而安者，《易》之序也。所乐而玩者，爻之辞也。是故君子居则观其象而玩其辞，动则观其变而玩其占。是以自天佑之，吉无不利。

3.1 彖者，言乎象者也。爻者，言乎变者也。吉凶者，言乎其失得也。悔吝者，言乎其小疵也。无咎者，善补过也。

3.2 是故列贵贱者，存乎位。齐小大者，存乎卦。辩吉凶者，存乎辞。忧悔吝者，存乎介。震无咎者，存乎悔。是故卦有小大，辞有险易。辞也者，各指其所之。

4.1 《易》与天地准,故能弥纶天地之道。仰以观于天文,俯以察于地理,是故知幽明之故。原始反终,故知死生之说。精气为物,游魂为变,是故知鬼神之情状。

4.2 与天地相似,故不违。知周乎万物而道济天下,故不过。旁行而不流,乐天知命,故不忧。安土敦乎仁,故能爱。范围天地之化而不过,曲成万物而不遗,通乎昼夜之道而知,故神无方而《易》无体。

5.1 一阴一阳之谓道，继之者善也，成之者性也。仁者见之谓之仁，知者见之谓之知，百姓日用而不知，故君子之道鲜矣！显诸仁，藏诸用，鼓万物而不与圣人同忧，盛德大业至矣哉！

5.2 富有之谓大业，日新之谓盛德。生生之谓易，成象之谓乾，效法之谓坤，极数知来之谓占，通变之谓事，阴阳不测之谓神。

6.1 夫《易》，广矣大矣！以言乎远，则不御；以言乎迩，则静而正；以言乎天地之间，则备矣！

6.2 夫乾，其静也专，其动也直，是以大生焉。夫坤，其静也翕，其动也辟，是以广生焉。广大配天地，变通配四时，阴阳之义配日月，易简之善配至德。

7.1 子曰：《易》，其至矣乎！夫《易》，圣人所以崇德而广业也。知崇礼卑，崇效天，卑法地，天地设位，而《易》行乎其中矣。成性存存，道义之门。

8.1 圣人有以见天下之赜,而拟诸其形容,象其物宜,是故谓之象。圣人有以见天下之动,而观其会通,以行其典礼,系辞焉以断其吉凶,是故谓之爻。

8.2 言天下之至赜,而不可恶也。言天下之至动,而不可乱也。拟之而后言,议之而后动,拟议以成其变化。

8.3 "鸣鹤在阴,其子和之,我有好爵,吾与尔靡之。"子曰:"君子居其室,出其言,善则千里之外应之，况其迩者乎？居其室，出其言不善，则千里之外违之，况其迩者乎？言出乎身，加乎民；行发乎迩，见乎远。言行，君子之枢机，枢机之发，荣辱之主也。言行，君子之所以动天地也，可不慎乎？"

8.4 "同人，先号咷而后笑。"子曰："君子之道，或出或处，或默或语，二人同心，其利断金；同心之言，其臭如兰。"

8.5 "初六，藉用白茅，无咎。"

子曰："苟错诸地而可矣；藉之用茅，何咎之有？慎之至也。夫茅之为物薄，而用可重也。慎斯术也以往，其无所失矣。"

8.6 "劳谦，君子有终，吉。"子曰："劳而不伐，有功而不德，厚之至也，语以其功下人者也。德言盛，礼言恭，谦也者，致恭以存其位者也。"

8.7 "亢龙有悔。"子曰："贵而无位，高而无民，贤人在下位而无辅，是以动而有悔也。"

8.8 "不出户庭,无咎。"子曰:"乱之所生也,则言语以为阶。君不密,则失臣;臣不密,则失身;几事不密,则害成。是以君子慎密而不出也。"

8.9 子曰:"作《易》者其知盗乎?《易》曰:'负且乘,致寇至。'负也者,小人之事也;乘也者,君子之器也。小人而乘君子之器,盗思夺之矣!上慢下暴,盗思伐之矣!慢藏诲盗,冶容诲淫,《易》曰:'负且乘,致寇至。'盗之招也。"

9.1 天一地二，天三地四，天五地六，天七地八，天九地十。天数五，地数五，五位相得而各有合。天数二十有五，地数三十，凡天地之数，五十有五，此所以成变化而行鬼神也。

9.2 大衍之数五十，其用四十有九。分而为二以象两，挂一以象三，揲之以四以象四时，归奇于扐以象闰，故再扐而后挂。

9.3 乾之策，二百一十有六。坤之策，百四十有四。凡三百有六十，当期之日。二篇之策，万有一千五百二十，当万物之数也。

9.4 是故，四营而成易，十有八变而成卦，八卦而小成。引而伸之，触类而长之，天下之能事毕矣。

9.5 显道神德行，是故可与酬酢，可与佑神矣。子曰："知变化之道者，其知神之所为乎！"

10.1 《易》有圣人之道四焉，以

言者尚其辞，以动者尚其变，以制器者尚其象，以卜筮者尚其占。

10.2 是以君子将有为也，将有行也，问焉而以言，其受命也如响，无有远近幽深，遂知来物。非天下之至精，其孰能与于此？

10.3 参伍以变，错综其数，通其变，遂成天地之文；极其数，遂定天下之象。非天下之至变，其孰能与于此？

10.4 《易》，无思也，无为也，

寂然不动，感而遂通天下之故。非天下之至神，其孰能与于此？

10.5 夫《易》，圣人之所以极深而研几也。唯深也，故能通天下之志；唯几也，故能成天下之务；唯神也，故不疾而速，不行而至。子曰"《易》有圣人之道四焉"者，此之谓也。

11.1 子曰："夫《易》，何为者也？夫《易》，开物成务，冒天下之道，如斯而已者也。"是故圣人以通天下之志，以定天下之业，以断天下之疑。

11.2 是故蓍之德圆而神，卦之德方以知，六爻之义易以贡。圣人以此洗心，退藏于密，吉凶与民同患。神以知来，知以藏往，其孰能与于此哉！古之聪明睿知神武而不杀者夫！是以明于天之道，而察于民之故，是兴神物以前民用。圣人以此斋戒，以神明其德夫！

11.3 是故阖户谓之坤，辟户谓之乾，一阖一辟谓之变，往来不穷谓之通。见乃谓之象，形乃谓之器，制而用之谓之法，利用出入，民咸用之谓之神。

11.4 是故《易》有太极，是生两仪，两仪生四象，四象生八卦，八卦定吉凶，吉凶生大业。

11.5 是故法象莫大乎天地；变通莫大乎四时；悬象著明莫大乎日月；崇高莫大乎富贵；备物致用，立成器以为天下利，莫大乎圣人；探赜索隐，钩深致远，以定天下之吉凶，成天下之亹亹者，莫大乎蓍龟。

11.6 是故天生神物，圣人则之。天地变化，圣人效之。天垂象，见吉凶，圣人象之。河出图，洛出书，圣人则之。《易》有四象，所以示也。系辞焉，所以告也。定之以吉凶，所以断也。

12.1 《易》曰："自天佑之，吉无不利。"子曰："佑者，助也。天之所助者，顺也；人之所助者，信也。履信思乎顺，又以尚贤也，是以自天佑之，吉无不利也。"

12.2 子曰:"书不尽言,言不尽意,然则圣人之意,其不可见乎?"子曰:"圣人立象以尽意,设卦以尽情伪,系辞焉以尽其言,变而通之以尽利,鼓之舞之以尽神。"

12.3 乾坤,其《易》之缊邪!乾坤成列,而《易》立乎其中矣。乾坤毁,则无以见《易》;《易》不可见,则乾坤或几乎息矣。

12.4 是故形而上者谓之道;形而下者谓之器;化而裁之谓之变;

推而行之谓之通；举而错之天下之民，谓之事业。

12.5 是故夫象，圣人有以见天下之赜，而拟诸其形容，象其物宜，是故谓之象。圣人有以见天下之动，而观其会通，以行其典礼，系辞焉以断其吉凶，是故谓之爻。极天下之赜者，存乎卦；鼓天下之动者，存乎辞；化而裁之，存乎变；推而行之，存乎通；神而明之，存乎其人；默而成之，不言而信，存乎德行。

系辞传(下)

1.1 八卦成列，象在其中矣。因而重之，爻在其中矣。刚柔相推，变在其中矣。系辞焉而命之，动在其中矣。吉凶悔吝者，生乎动者也。刚柔者，立本者也。变通者，趣时者也。

1.2 吉凶者，贞胜者也。天地之道，贞观者也。日月之道，贞明者也。天下之动，贞夫一者也。

1.3 夫乾，确然示人易矣。夫坤，隤然示人简矣。爻也者，效此者也。象也者，像此者也。爻象动乎内,吉凶见乎外,功业见乎变,圣人之情见乎辞。

1.4 天地之大德曰生,圣人之大宝曰位。何以守位?曰仁。何以聚人?曰财。理财正辞,禁民为非曰义。

2.1 古者包牺氏之王天下也,仰则观象于天,俯则观法于地,观鸟兽之文,与地之宜,近取诸身,远取诸物,于是始作八卦,以通神明之德,以类万物之情。作结绳而为网罟,以佃以渔,盖取诸离。

2.2 包牺氏没,神农氏作,斫木为耜,揉木为耒,耒耨之利,以教天下,盖取诸益。日中为市,致天下之民,聚天下之货,交易而退,各得其所,盖取诸噬嗑。

2.3 神农氏没,黄帝、尧、舜氏作,通其变,使民不倦,神而化之,使民宜之。易穷则变,变则通,通则久。是以自天佑之,吉无不利,黄帝、尧、舜垂衣裳而天下治,盖取诸乾、坤。

2.4 刳木为舟，剡木为楫，舟楫之利，以济不通，致远以利天下，盖取诸涣。

2.5 服牛乘马，引重致远，以利天下，盖取诸随。

2.6 重门击柝，以待暴客，盖取诸豫。

2.7 断木为杵，掘地为臼，臼杵之利，万民以济，盖取诸小过。

2.8 弦木为弧，剡木为矢，弧矢之利，以威天下，盖取诸睽。

2.9 上古穴居而野处，后世圣人易之以宫室，上栋下宇，以待风雨，盖取诸大壮。

2.10 古之葬者，厚衣之以薪，葬之中野，不封不树，丧期无数，后世圣人易之以棺椁，盖取诸大过。

2.11 上古结绳而治，后世圣人易之以书契，百官以治，万民以察，盖取诸夬。

3.1 是故《易》者，象也。象也

者，像也。彖者，材也。爻也者，效天下之动也。是故吉凶生，而悔吝著也。

4.1 阳卦多阴，阴卦多阳，其故何也？阳卦奇，阴卦偶。其德行何也？阳一君而二民，君子之道也。阴二君而一民，小人之道也。

5.1 《易》曰："憧憧往来，朋从尔思。"子曰："天下何思何虑？天下同归而殊途，一致而百虑，天下何思何虑？日往则月来，月往则日来，日月相推而明生焉。寒往则暑来，暑往则寒来，寒暑相推而岁成焉。往者屈也，来者信也，屈信相感而利生焉。尺蠖之屈，以求信也。龙蛇之蛰，以存身也。精义入神，以致用也。利用安身，以崇德也。过此以往，未之或知也。穷神知化，德之盛也。"

5.2 《易》曰："困于石，据于蒺藜，入于其宫，不见其妻，凶。"子曰："非所困而困焉，名必辱；非所据而据焉，身必危。既辱且危，死期将至，妻其可得见邪？"

5.3 《易》曰："公用射隼于高墉之上，获之，无不利。"子曰："隼者，禽也；弓矢者，器也；射之者，人也。君子藏器于身，待时而动，何不利之有？动而不括，是以出而有获，语成器而动者也。"

5.4 子曰："小人不耻不仁，不畏不义，不见利而不劝，不威不惩。小惩而大诫，此小人之福也。《易》曰：'履校灭趾，无咎。'此之谓也。"

5.5 "善不积，不足以成名；恶不积，不足以灭身。小人以小善为无益，而弗为也，以小恶为无伤，而弗去也，故恶积而不可掩，罪大而不可解。《易》曰：'何校灭耳，凶。'"

5.6 子曰："危者，安其位者也；亡者，保其存者也；乱者，有其治者也。是故君子安而不忘危,存而不忘亡,治而不忘乱,是以身安而国家可保也。《易》曰:'其亡其亡,系于包桑。'"

5.7 子曰:"德薄而位尊,知小而谋大,力少而任重,鲜不及矣。《易》曰:'鼎折足,覆公餗,其形渥,凶。'言不胜其任也。"

5.8 子曰:"知几其神乎?君子上交不谄,下交不渎,其知几乎?几者,动之微,吉之先见者也。君子见几而作,不俟终日。《易》曰:'介于石,不终日,贞吉。'介如石焉，宁用终日？断可识矣。君子知微知彰，知柔知刚，万夫之望。"

5.9　子曰："颜氏之子，其殆庶几乎？有不善，未尝不知。知之，未尝复行也。《易》曰：'不远复，无祇悔，元吉。'"

5.10　"天地氤氲，万物化醇。男女构精，万物化生。《易》曰：'三人行，则损一人；一人行，则得其友。'言致一也。"

5.11　子曰："君子安其身而后

动,易其心而后语,定其交而后求。君子修此三者,故全也。危以动,则民不与也;惧以语,则民不应也;无交而求,则民不与也。莫之与,则伤之者至矣。《易》曰:'莫益之,或击之,立心勿恒,凶。'"

6.1 子曰:"乾坤,其《易》之门邪?乾,阳物也;坤,阴物也。阴阳合德,而刚柔有体,以体天地之撰,以通神明之德。其称名也,杂而不越。于稽其类,其衰世之意邪!"

6.2 子曰："夫《易》，彰往而察来，而微显阐幽，开而当名，辨物正言，断辞则备矣。其称名也小，其取类也大，其旨远，其辞文，其言曲而中，其事肆而隐，因贰以济民行，以明失得之报。"

7.1 《易》之兴也，其于中古乎？作《易》者，其有忧患乎？

7.2 是故履，德之基也。谦，德之柄也。复，德之本也。恒，德之固也。损，德之修也。益，德之裕也。困,德之辨也。井,德之地也。巽,德之制也。

7.3 履,和而至。谦,尊而光。复,小而辨于物。恒,杂而不厌。损,先难而后易。益,长裕而不设。困,穷而通。井,居其所而迁。巽,称而隐。

7.4 履以和行。谦以制礼。复以自知。恒以一德。损以远害。益以兴利。困以寡怨。井以辨义。巽以行权。

8.1 《易》之为书也,不可远;

为道也，屡迁。变动不居，周流六虚，上下无常，刚柔相易，不可为典要，唯变所适。

8.2 其出入以度，外内使知惧，又明于忧患与故，无有师保，如临父母。初率其辞，而揆其方，既有典常。苟非其人，道不虚行。

9.1 《易》之为书也，原始要终，以为质也。六爻相杂，唯其时物也。

9.2 其初难知，其上易知，本末

也。初辞拟之，卒成之终。若夫杂物撰德，辨是与非，则非其中爻不备。噫！亦要存亡吉凶，则居可知矣。知者观其彖辞，则思过半矣。

9.3 二与四，同功而异位，其善不同，二多誉，四多惧，近也。柔之为道，不利远者，其要无咎，其用柔中也。三与五，同功而异位，三多凶，五多功，贵贱之等也。其柔危，其刚胜邪？

10.1 《易》之为书也，广大悉

备,有天道焉,有人道焉,有地道焉。兼三才而两之,故六。六者非它也,三才之道也。道有变动,故曰爻;爻有等,故曰物;物相杂,故曰文;文不当,故吉凶生焉。

11.1　《易》之兴也,其当殷之末世,周之盛德邪?当文王与纣之事邪?是故其辞危。危者使平,易者使倾,其道甚大,百物不废。惧以终始,其要无咎,此之谓《易》之道也。

12.1 夫乾，天下之至健也，德行恒易以知险。夫坤，天下之至顺也，德行恒简以知阻。能说诸心，能研诸侯之虑，定天下之吉凶，成天下之亹亹者。是故变化云为，吉事有祥，象事知器，占事知来。天地设位，圣人成能，人谋鬼谋，百姓与能。

12.2 八卦以象告，爻彖以情言，刚柔杂居，而吉凶可见矣。变动以利言，吉凶以情迁。是故爱恶相攻而吉凶生，远近相取而悔吝生，情伪相感而利害生。凡

《易》之情，近而不相得则凶，或害之，悔且吝。

12.3 将叛者，其辞惭。中心疑者，其辞枝。吉人之辞寡，躁人之辞多。诬善之人，其辞游。失其守者，其辞屈。

文言传

乾卦文言

1 元者，善之长也；亨者，嘉之会也；利者，义之和也；贞者，事之干也。君子体仁，足以长人；嘉会，足以合礼；利物，足以和义；贞固，足以干事。君子行此四德者，故曰：乾，元、亨、利、贞。

2 初九曰"潜龙勿用"，何谓也？子曰："龙德而隐者也。不易乎世，不成乎名。遁世无闷，不见是而无闷。乐则行之，忧则违之，确乎其不可拔，潜龙也。"

3 九二曰"见龙在田，利见大人"，何谓也？子曰："龙德而正中者也。庸言之信，庸行之谨，闲邪存其诚，善世而不伐，德博而化。《易》曰：'见龙在田，利见大人。'君德也。"

4 九三曰"君子终日乾乾，夕惕若厉，无咎"，何谓也？子曰："君子进德修业，忠信，所以进德也。修辞立其诚，所以居业也。知至至之，可与言几也。知终终之，可与存义也。是故居上位而不骄，在下位而不忧。故乾乾因其时而惕，虽危无咎矣。"

5 九四曰"或跃在渊，无咎"，何谓也？子曰："上下无常，非为邪也。进退无恒，非离群也。君子进德修业，欲及时也，故无咎。"

6 九五曰"飞龙在天，利见大人"，何谓也？子曰："同声相应，同气相求；水流湿，火就燥；云从龙，风从虎；圣人作而万物睹。本乎天者亲上，本乎地者亲下，则各从其类也。"

7　上九曰"亢龙有悔"，何谓也？子曰："贵而无位，高而无民，贤人在下位而无辅，是以动而有悔也。"

8　潜龙勿用，下也。见龙在田，时舍也。终日乾乾，行事也。或跃在渊，自试也。飞龙在天，上治也。亢龙有悔，穷之灾也。乾元用九，天下治也。

9 潜龙勿用，阳气潜藏。见龙在田，天下文明。终日乾乾，与时偕行。或跃在渊，乾道乃革。飞龙在天，乃位乎天德。亢龙有悔，与时偕极。乾元用九，乃见天则。

10 乾元者，始而亨者也。利贞者，性情也。乾始能以美利利天下，不言所利，大矣哉！大哉乾乎！刚健中正，纯粹精也。六爻发挥，旁通情也。时乘六龙，以御天也。云行雨施，天下平也。

11 君子以成德为行，日可见之行也。潜之为言也，隐而未见，行而未成，是以君子弗用也。

12 君子学以聚之，问以辩之，宽以居之，仁以行之。《易》曰："见龙在田，利见大人。"君德也。

13 九三重刚而不中，上不在天，下不在田。故乾乾，因其时而惕，虽危无咎矣。

14 九四重刚而不中，上不在天，下不在田，中不在人，故"或"之。"或"之者，疑之也，故无咎。

15 夫大人者，与天地合其德，与日月合其明，与四时合其序，与鬼神合其吉凶。先天而天弗违，后天而奉天时。天且弗违，而况于人乎？况于鬼神乎？

16 亢之为言也，知进而不知退，知存而不知亡，知得而不知丧。其唯圣人乎？知进退存亡而不失其正者，其为圣人乎？

坤卦文言

1 坤至柔而动也刚,至静而德方。后得主而有常,含万物而化光。坤道其顺乎,承天而时行。

2 积善之家,必有余庆;积不善之家,必有余殃。臣弑其君,子弑其父,非一朝一夕之故,其所由来者渐矣,由辩之不早辩也。《易》曰"履霜,坚冰至",盖言顺也。

3 直,其正也;方,其义也。君子敬以直内,义以方外,敬义立而德不孤。"直方大，不习无不利"，则不疑其所行也。

4 阴虽有美，含之以从王事，弗敢成也。地道也，妻道也，臣道也。地道无成，而代有终也。

5 天地变化，草木蕃。天地闭，贤人隐。《易》曰"括囊，无咎无誉"，盖言谨也。

6 君子黄中通理，正位居体。美在其中，而畅于四支，发于事业，美之至也。

7 阴疑于阳必战,为其嫌于无阳也,故称龙焉。犹未离其类也,故称血焉。夫玄黄者,天地之杂也,天玄而地黄。

序卦传

1 有天地，然后万物生焉。盈天地之间者，唯万物，故受之以《屯》；屯者，盈也，屯者物之始生也。物生必蒙，故受之以《蒙》；蒙者，蒙也，物之稚也。物稚不可不养也，故受之以《需》；需者，饮食之道也。饮食必有讼，故受之以《讼》。讼必有众起，故受之以《师》；师者，众也。众必有所比，故受之以《比》；比者，比也。

2 比必有所畜，故受之以《小畜》。物畜然后有礼，故受之以

《履》。履而泰然后安，故受之以《泰》；泰者，通也。物不可以终通，故受之以《否》。物不可以终否，故受之以《同人》。与人同者，物必归焉，故受之以《大有》。有大者，不可以盈，故受之以《谦》。有大而能谦必豫，故受之以《豫》。豫必有随，故受之以《随》。以喜随人者必有事，故受之以《蛊》；蛊者，事也。

3 有事而后可大，故受之以《临》；临者，大也。物大然后可观，故受之以《观》。可观而后有所合，故受之以《噬嗑》；嗑者，合也。物不可以苟合而已，故受之以《贲》；《贲》者，饰也。致饰然后亨则尽矣，故受之以《剥》；剥者，剥也。物不可以终尽剥，穷上反下，故受之以《复》。复则不妄矣，故受之以《无妄》。

4 有无妄然后可畜，故受之以大畜。物畜然后可养，故受之以《颐》；颐者，养也。不养则不可动，故受之以《大过》。物不可以终过，故受之以《坎》；坎者，陷也。陷必有所丽，故受之以《离》；离者，丽也。

5 有天地，然后有万物；有万物，然后有男女；有男女，然后有夫妇；有夫妇，然后有父子；有父子，然后有君臣；有君臣，然后有上下；有上下，然后礼仪有所错。夫妇之道，不可以不久也，故受之以《恒》；恒者，久也。物不可以久居其所，故受之以《遁》；遁者，退也。物不可以终遁，故受之以《大壮》。物不可以终壮，故受之以《晋》；晋者，进也。进必有所伤，故受之以《明夷》；夷者，伤也。伤于外者必反其家，故受之以《家人》。

家道穷必乖，故受之以《睽》；睽者，乖也。乖必有难，故受之以《蹇》；蹇者，难也。物不可终难，故受之以《解》；解者，缓也。缓必有所失，故受之以《损》。损而不已必益，故受之以《益》。益而不已必决，故受之以《夬》；夬者，决也。决必有所遇，故受之以《姤》；姤者，遇也。物相遇而后聚，故受之以《萃》；萃者，聚也。聚而上者谓之升，故受之以《升》。升而不已必困，故受之以《困》。困乎上者必反下，故受之以《井》。

井道不可不革，故受之以《革》。革物者莫若鼎，故受之以《鼎》。主器者莫若长子，故受之以《震》；震者，动也。物不可以终动，止之，故受之以《艮》；艮者，止也。物不可以终止,故受之以《渐》;渐者,进也。进必有所归,故受之以《归妹》。得其所归者必大,故受之以《丰》;丰者,大也。

8 穷大者必失其居,故受之以《旅》。旅而无所容,故受之以《巽》;巽者,入也。入而后说之,故受之以《兑》;兑者,说也。说而后散之,故受之以《涣》;涣者,离也。物不可以终离,故受之以《节》。节而信之,故受之以《中孚》。有其信者必行之,故受之以《小过》。

有过物者必济，故受之以《既济》。物不可穷也，故受之以《未济》终焉。

杂卦传

1　乾刚坤柔，比乐师忧。临、观之义，或与或求。屯见而不失其居，蒙杂而著。震，起也。艮，止也。损、益，盛衰之始也。大畜，时也。无妄，灾也。萃聚而升不来也。谦轻而豫怠也。噬嗑，食也。贲，无色也。兑见而巽伏也。随，无故也。蛊，则饬也。剥，烂也。复，反也。晋，昼也。明夷，诛也。井通而困相遇也。

2　咸，速也。恒，久也。涣，离也。节，止也。解，缓也。

蹇，难也。睽，外也。家人，内也。否、泰，反其类也。大壮，则止。遁，则退也。大有，众也。同人，亲也。革，去故也。鼎，取新也。小过，过也。中孚，信也。丰，多故也。亲寡，旅也。离上而坎下也。小畜，寡也。履，不处也。需，不进也。讼，不亲也。大过，颠也。姤，遇也，柔遇刚也。渐，女归待男行也。颐，养正也。既济，定也。归妹，女之终也。未济，男之穷也。夬，决也，刚决柔也，君子道长，小人道忧也。

说卦传

1 昔者圣人之作《易》也，幽赞于神明而生蓍，参天两地而倚数。观变于阴阳而立卦，发挥于刚柔而生爻，和顺于道德而理于义，穷理尽性以至于命。

2 昔者圣人之作《易》也，将以顺性命之理。是以立天之道曰阴与阳，立地之道曰柔与刚，立人之道曰仁与义。兼三才而两之，故《易》六画而成卦，分阴分阳，迭用柔刚，故《易》六位而成章。

3 天地定位，山泽通气，雷风相薄，水火不相射，八卦相错。数往者顺，知来者逆，是故，《易》逆数也。

4 雷以动之，风以散之，雨以润之，日以烜之，艮以止之，兑以说之，乾以君之，坤以藏之。

5 帝出乎震，齐乎巽，相见乎离，致役乎坤，说言乎兑，战乎乾，劳乎坎，成言乎艮。

6 万物出乎震，震，东方也。

7 齐乎巽，巽，东南也。齐也者，言万物之洁齐也。

8 离也者，明也，万物皆相见，南方之卦也，圣人南面而听天下，向明而治，盖取诸此也。

9 坤也者，地也，万物皆致养焉，故曰致役乎坤。

10 兑，正秋也，万物之所说也，故曰说言乎兑。

11 战乎乾，乾，西北之卦也，言阴阳相薄也。

12 坎者，水也，正北方之卦也，劳卦也，万物之所归也，故曰劳乎坎。

13 艮，东北之卦也，万物之所成终而所成始也，故曰成言乎艮。

14 神也者，妙万物而为言者也。动万物者，莫疾乎雷；桡万物者，莫疾乎风；燥万物者，莫熯乎火；说万物者，莫说乎泽；润万物者，莫润乎水；终万物始万物者，莫盛乎艮。故水火相逮，雷风不相悖，山泽通气，然后能变化，既成万物也。

15 乾，健也；坤，顺也；震，动也；巽，入也；坎，陷也；离，丽也；艮，止也；兑，说也。

16 乾为马，坤为牛，震为龙，巽为鸡，坎为豕，离为雉，艮为狗，兑为羊。

17 乾为首，坤为腹，震为足，巽为股，坎为耳，离为目，艮为手，兑为口。

18 乾，天也，故称乎父；坤，地也，故称乎母；震一索而得男，故谓之长男；巽一索而得女，故谓之长女；坎再索而得男，故谓之中男；离再索而得女，故谓之中女；艮三索而得男，故谓之少男；兑三索而得女，故谓之少女。

19 乾为天、为圜、为君、为父、为玉、为金、为寒、为冰、为大赤、为良马、为瘠马、为驳马、为木果。

20 坤为地、为母、为布、为釜、为吝啬、为均、为子母牛、为大舆、为文、为众、为柄,其于地也为黑。

21 震为雷、为龙、为玄黄、为旉、为大涂、为长子、为决躁、为苍筤竹、为萑苇。其于马也,为善鸣、为馵足,为作足,为的颡。其于稼也,为反生。其究为健,为蕃鲜。

22 巽为木、为风、为长女、为绳直、为工、为白、为长、为高、为进退、为不果、为臭。其于人也，为寡发、为广颡、为多白眼，为近利市三倍。其究为躁卦。

23 坎为水、为沟渎、为隐伏、为矫輮、为弓轮。其于人也，为加忧、为心病、为耳痛、为血卦、为赤。其于马也，为美脊、为亟心、为下首、为薄蹄、为曳。其于舆也为多眚。为通、为月、为盗。其于木也，为坚多心。

24 离为火、为日、为电、为中

女、为甲胄、为戈兵。其于人也,为大腹。为干卦。为鳖、为蟹、为蠃、为蚌、为龟。其于木也,为科上槁。

25 艮为山、为径路、为小石、为门阙、为果蓏、为阍寺、为指、为狗、为鼠、为黔喙之属。其于木也,为坚多节。

26 兑为泽、为少女、为巫、为口舌、为毁折、为附决。其于地也,为刚卤。为妾、为羊。

曾仕强教授出版著作

序号	书名	定价
1	易经的奥秘（完整版）（《易经的奥秘1》增补版）	64.00
2	易经的奥秘2	64.00
3	易经的智慧合集（精装典藏版）（全六册）	680.00
4	易经良基（共六册）	192.00
5	易经良基·中（共六册）	192.00
6	曾仕强详解道德经：道经	39.00
7	曾仕强详解道德经：德经	42.00
8	道德经的奥秘	36.00
9	道德经的玄妙	49.80
10	论语的生活智慧(上下)（新版）	72.00
11	论语给少年的启示(上下)	58.00
12	曾仕强点评三国之道：论三国智慧（上下）	86.00
13	曾仕强评胡雪岩	29.80
14	胡雪岩：商圣是怎么炼成的	64.00
15	诸葛亮的启示	42.00
16	中华文化自信	45.00
17	中国人，你凭什么不自信	59.80
18	财神文化	49.80
19	我是谁	58.00
20	赢在职场：中国式职场修炼手册	49.80
21	别让情绪拖累你的人生	49.80
22	孝了，人生就顺了	64.00
23	坤道——曾仕强教做出色的中国女人（新版）	45.00
24	中国式教养，中国父母家庭教养必修课	49.80
25	中国式家风	49.80
26	中国式家庭教育	59.80
27	中国式亲子关系	59.80
28	中国式父母	59.80
29	中国式爱情与婚姻	59.80

咨询热线：010-69292472

易丞思维

用易经思维·学曾师智慧

曾仕强教授 正版 视频学习
成百套上千集

中国式管理之父
国学大师

曾仕强

曾师智慧正版视频扫码学习

扫码添加老师，下载易经思维APP领取读者福利

易丞思维 | 国学泰斗智慧传承课

人人都能学得会、用得上的
易经思维课程

中国式管理之父
国学大师

曾仕强

微信扫码添加老师免费学

参与学习可获得曾师内部课程学习福利

良心精品 | 官方直营·正版保障

曾仕强教授 正版 图书合集
官方直营店铺

中国式管理之父
国学大师

曾仕强教授官方图书店铺
良心品质 · 用心服务 · 安心价格 · 省心购物